U0918934

—— 作者 ——

克里斯托弗·贾纳韦

2005年起任英国南安普顿大学人文学院哲学教授。曾任教于悉尼大学以及伦敦大学伯克贝克学院。近年来致力于对叔本华、尼采及美学的研究。已出版著作《超越无私：读尼采的系谱学》(2007)、《叔本华》(2002)、《叔本华哲学中的自我与世界》(1998)、《关于卓越的意象：柏拉图的艺术批评》(1995) 等。

[英国] 克里斯托弗 · 贾纳韦 著　龙江 译　陈毅平 校

叔本华

牛津通识读本 ·

Schopenhauer

A Very Short Introduction

译林出版社

图书在版编目（CIP）数据

叔本华 / （英）克里斯托弗·贾纳韦（Christopher Janaway）著；龙江译．—南京：译林出版社，2023.1
（牛津通识读本）
书名原文：Schopenhauer: A Very Short Introduction
ISBN 978-7-5447-9427-5

Ⅰ.①叔… Ⅱ.①克… ②龙… Ⅲ.①叔本华（Schopenhauer, Arthur 1788-1860）-哲学思想 Ⅳ.①B516.41

中国版本图书馆CIP数据核字（2022）第176419号

著作权合同登记号 图字：10-2014-197号

叔本华 ［英国］克里斯托弗·贾纳韦 / 著 龙 江 / 译

责任编辑 王 蕾
装帧设计 韦 枫
校 对 戴小娥
责任印制 董 虎

原文出版 Oxford University Press, 2002
出版发行 译林出版社
地 址 南京市湖南路1号A楼
邮 箱 yilin@yilin.com
网 址 www.yilin.com
市场热线 025-86633278
排 版 南京展望文化发展有限公司
印 刷 南京新世纪联盟印务有限公司
开 本 850毫米×1168毫米 1/32
印 张 5
插 页 4
版 次 2023年1月第1版
印 次 2023年1月第1次印刷
书 号 ISBN 978-7-5447-9427-5
定 价 59.50元

序 言

夏中义

通览《叔本华》译本，有些心得，愿与作者、译者、编者和读者分享。

英国学者贾纳韦当属饱学之士，故能这般自信、凝练、准确地概述叔本华其人其著，宛如塑了一尊精神铜像。为西方哲学开非理性主义先河的叔本华，既擅长系统思辨，又通晓文学章法，竟将其名著《作为意志和表象的世界》的四个板块（认识论、意志论、美学和伦理学），写得像音乐那般富有曲式变化。相应地，贾纳韦的文字及其汉译，亦能在精致缩微叔本华哲学建构的框架里，不失语感的弹性和可读性，颇为难得。这大概是对“牛津通识读本”之“通识”一词的文体承诺。

在高等教育义域，“通识”有别于“专业”。“专业”侧重于知识型课程及相关智能、技能规训，“通识”则要为学子的人格养成提供价值型资源。前者旨在“专业成才”，后者旨在“精神成人”，即为学生一辈子把路走好打底。这用19世纪中叶英国教育思想家纽曼的话说，便是“专业”属教学范畴，“通识”才属教育范畴。

当物质至上和消费主义如迷雾弥漫地球，连静穆的世界名校也愈益躁动的今日，纽曼的思想遗产，不仅凸显永恒，更变得警策。于是，人们也就有理由对“牛津通识读本”滋生新的期盼。这就是：包括贾纳韦在内的学者，若能深挚地体恤学子对“精神成人”的潜在渴求，则其笔端或许会少一份学院派的矜持，转而到世界学术典藏中去寻觅更具针对性的优质营养，来有效地缓解学子“成长的烦恼”。

这落到《叔本华》一案，也就意味着有两种写法。一，比如追溯叔本华哲学的元概念“意志”一词，本是对康德“物自体”和柏拉图“理念”的创意性合成所致，这是典型的学术史路子，也是学院派所恪守亦最擅场的。还有第二条路。不依傍知识学学科谱系，而直接从《作为意志和表象的世界》，读出让自己心灵战栗的人本忧思，不仅切实地缓解青春期特有的灵魂阵痛，而且嗣后转化为文哲探索的第一内驱力即精神能源——这是王国维青年时曾走的路。

青年王国维不是贾纳韦。王国维当年没有能力从西方哲学谱系来系统解析叔本华，但这并不妨碍他从叔本华读出了其心灵成长最亟需的价值启示。这叫“心有灵犀一点通”。

记得贾纳韦曾写到叔本华1818年完成《作为意志和表象的世界》这一里程碑后，整个德国学界竟置若罔闻。然叔本华依然坚信：“一代人欣喜若狂地赞同我写的每一行字的那个时刻必定会到来。”（1843年5月17日致函波洛克豪斯）1848年后，已臻晚境的叔本华终于收获了迟到的光荣。但他做梦也想不到，在其身后四十二年，即1902年，在万里之遥的中国大陆，有一个叫王国维的无名之辈，竟捧着他的那部英语版名著，整整啃了两年。后来这竟使青年王国维的学业如火山喷涌：1904年首发《红楼梦评论》，1905年出版《静安文集》，1907年出版《静安文集续篇》，1908年刊发名著《人间词话》，既揭开20世纪中国文艺美学的辉煌序幕，又为20世纪中西美学关系史奠基。都说用文言文写的《人间词话》堪称“国粹”，然有识者却屡屡从青年王国维的墨迹中读出了叔本华。事实上，叔本华无涉功利的审美体验论（贾纳韦概述为“无意志的沉思状态”），已经成为青年王国维的人本-艺术美学的思辨基点。

世界上究竟有没有能穿越时空的思想史或心灵史？这就像问：“有无上帝？”信徒说有，不信者说无。深信青年王国维会认同有思想史或心灵史，否则，在1902年至1908年间，他就无计与叔本华在人类精神星空作神圣相遇。

“通识”教育之根，恐怕不在学术史，而在思想史或心灵史。

2010年春于沪上学僧西渡轩

目 录

前　言

本书旨在对叔本华哲学提供一个赞同兼批评式的评述。叔本华构建了一个包括形而上学、认识论、精神哲学、美学、伦理学和人生意义在内的体系。但是作为一个完整的体系，其哲学鲜有追随者，他也从未建立过一个学派。他对思想史的影响更多地表现在激怒从瓦格纳到维特根斯坦的一代又一代艺术家和思想家，并激发他们的灵感。他的部分思想与后来的弗洛伊德不谋而合，他最重要的哲学影响是对尼采的影响，后者起初发现他的悲观主义结论很有吸引力，后来又认为这些结论令人厌恶，但始终与他的“伟大导师”保持密切的对话。叔本华是一位真正的无神论者，他从根本上质疑人类存在的价值。存在对叔本华来说是一种漫无目的的、痛苦的抗争，被一种我们无法控制的无意识力量所驱使。要从这种存在中解脱出来，必须通过审美经验、悲天悯人和自我否定来舍弃我们的个体性。在审视叔本华哲学体系的所有主要方面的同时，本书希望凸显他就人类存在所提出问题的挑战性。

克里斯托弗·贾纳韦

2001年8月

图1　叔本华：用达盖尔银版法拍摄，1853年6月4日

第一章

叔本华的生平与作品

阿图尔·叔本华1788年生于但泽，1860年卒于美因河畔的法兰克福。他在生命的最后十年曾留下几张照片，从中我们可以获取对他最直接的感觉。他看上去脱俗不羁、坚忍不拔，但是炯炯有神的目光背后却藏着机警锐利的头脑和几许顽皮——这与从其作品中浮现出来的那个人格角色不无契合之处。叔本华直到生命晚年才开始享受某种程度的名誉，然而其哲学思想却并非老年或中年阶段的产物。虽然他发表的大部分著作完成于四十五岁定居法兰克福之后，但早在1810年至1818年间他就构建了后来令他享誉世界的整个哲学体系。诚如尼采后来所言，我们应当记住，正是一个二十多岁的人以充满创造力和反叛精神的能量创作了《作为意志和表象的世界》。成熟阶段的叔本华专注于强化和补充他在这部杰作中所阐述的立场，但该著作却一直被知识界所忽视，直到他临近生命终点。

精神上的独立是叔本华最具个性的特征。他著述时无所畏惧，藐视权威，对他眼中德国学术圈徒有其表、因循守旧的传统深恶痛绝。但是在这背后还有一个重要的事实，即他在经济上的独立性。在步入成年的1809年，他继承了一笔遗产；若假以精明的管理，这笔钱足以让他衣食无忧地度过余生。叔本华出生时，其父海因里希·弗洛里斯·叔本华已是但泽富甲一方的大商贾。父亲四海为家，信奉启蒙运动的自由主义价值观与共和主义。当但泽被普鲁士并吞后，他离开该市，迁移到自由城市汉堡。阿图尔与父亲有一共同点，即都热爱法英两国文化，对普鲁士民族主义怀有恐惧。为儿子起“阿图尔”这个名字是因为好几种欧洲语言中均有此名——虽然其用意主要是希望孩子将来从事设想中的泛欧贸易事业。后来，叔本华觉得他还继承了父亲情感丰富、容易沉迷的个性。父亲死于1805年，很可能是自杀，这对叔本华是一个沉重打击。

叔本华在学校接受了广博而丰富的教育，而且富庶家庭所提供的旅行经历和社交机会进一步提升了叔本华的素养。在九岁那年，即他妹妹出生的同一年，他就被送到法国念书，从而学会了一口流利的法语。经过数年的学校教育，他在十五岁的时候随父母踏上了为期两年的欧洲之旅，所到国家包括荷兰、英格兰、法国、瑞士和奥地利。他游览了当时的许多著名景点，也不时被亲眼看见的贫穷和苦难深深触动。可是，在父母游历英国期间，他被委托给温布尔登的一家寄宿学校，该校狭隘的、惩戒性的、恪守宗教信条的观念（与此前他所接受的教育形成鲜明对照）给他留下了持久的消极印象。这段经历对叔本华的性格和教养产生了重要的影响。他是一个血气方刚、争强好胜的学生，不肯屈服于周围的种种愚民行径，他也因反抗而似乎陷于相当的孤立。父母给他写信，在信中父亲对他的笔迹吹毛求疵，母亲则滔滔不绝地谈他们过得如何快乐，恳求他采取更理智的态度，但两人都不大愿意从他的角度看待问题。我们很容易把这种情形看作他后来生活的缩影。随着生活的推移，有一点变得越来越明朗：他的生活不会建立在与他人的亲密关系之上。他开始把同伴比作一团火，“谨慎的人取暖时需保持一定的距离”（《叔本华手稿》第一卷，123），即便与他人共处也决心选择孤独，以免丧失自己的完整性。他后来撰文说，六分之五的人类只配受到轻蔑，但他同样也发觉人与人的交往有内心深处的障碍：“上天用多余的造化赋予我的内心怀疑、敏感、激情和骄傲，从而使它陷于孤立。”（《叔本华手稿》第四卷，506）他有抑郁的倾向，承认“我总是心怀焦虑，强迫自己去发现和寻找并不存在的危险”（《叔本华手稿》第四卷，507）。

一些描述叔本华性格的作者考察了他与父母之间的关系，他们的发现并不令人惊讶。父亲是一个焦虑不安、凡事苛求、令人生畏的人，望子成龙心切。约翰娜·叔本华（娘家姓特罗西纳）同样来自但泽一个成功的商人家庭，个性却大相径庭。她是一个活泼、爱交际的人，怀有文学梦想，最终成为一个浪漫派小说家，使她在有生之年比儿子更出名。她在儿子的生活中是一个重要的力量，但他们之间的关系从未充满温情。在婚姻方面也是如此，正如她自己所写的那样，她觉得没有必要对丈夫“假装有炽热的爱情”，还声称丈夫也并不期待这种爱。海因里希·叔本华去世后，思想独立的约翰娜得以自由地追求文学事业。她迁居到魏玛，在那里成立了一个艺术和学术沙龙，常常引来当时许多社会名流的光顾。阿图尔与这个圈子中的一些人建立了联系，并从中受益。这些人当中尤其引人注目的有歌德和研究东方世界的学者弗里德里希·马耶尔，后者激发了叔本华对印度思想的毕生兴趣。然而，他与母亲的关系却有如疾风暴雨，乃至于1814年母亲将他永远逐出家门，不再见他。

此事发生之时，叔本华已经放弃了父亲为他规划的经商事业，并已踏上学术之路。1809年他去哥廷根大学求学，两年后又迁到柏林。他上过各类不同的理科课程，最初曾想学医，但很快就被哲学强烈地吸引。哥廷根大学哲学家G. E. 舒尔茨建议叔本华从阅读柏拉图和康德的著作开始，对其研究生涯起到了决定性的作用。虽然无论用何种标准衡量，叔本华已是博览群书、颇有学养的思想家，但仍可以公正地说，这两位哲学家的著作在他头脑中激发了从此以后塑造其哲学思想的根本观念。他从弗里德里希·马耶尔那里了解的印度教典籍奥义书是构成其哲学思想的第三个来源，后来他把这方面内容与柏拉图和康德元素加以混合，奠定了《作为意志和表象的世界》的原创性。

迁到柏林后，叔本华听过施莱尔马赫和费希特的讲座。虽然这两人都是当时哲学界的重量级人物，但是按一贯做派，自视甚高的叔本华对他们有点不屑一顾，当然不会为了吸纳他们的思想才去听讲座。他的听课笔记和写在所读书页边的旁注（保存于《叔本华手稿》一书）表明他急欲反驳和争辩，而且，尽管还是个年轻学生，他的反应却表现出一种对自己的立场近乎不可思议的确信不疑。这也是一种后来基本不变的行为模式。叔本华学习时不注重与他人的合作，不愿与人交流思想，将自己置于审视之下。他在学习和写作时依赖自己的判断，将别人的观点当作原材料，用以加工成自己想要的模样。有时他把无法加以利用的东西贬损为垃圾，但他以一种嘲讽且诙谐的方式通常成功地使读者站到他的一边。如果没有这种坚定不移的决心，叔本华的成就将会大打折扣，但是这个优点却被一个缺点所抵消：对哲学家而言，多与人交流，多一些对话和自我批评意识，这是一个长处，而叔本华有时的表现却与此相反。

1813年，当叔本华准备撰写他的博士论文时，战争爆发了。叔本华厌恶打仗，更厌恶站在普鲁士一边与法国人打仗。他往南逃到魏玛附近的鲁多尔施塔特市，在那里完成了他的第一部著作《论充足理由律的四重根》。该书为他赢得耶拿大学的博士学位，并于同年以五百册的发行量出版。该书研究的是一个陈旧的学术话题，即充足理由律（据此原理，一切存在的事物必有其存在的根据或理由）。书中简要回顾了哲学史上人们对此原理的研究方式，然后对各类不同理由给出四重解释。全书的系统构架来源于康德，叔本华显然吸收了康德的思想，尽管是不无批判的吸收。书中有一些出人意料的重要发现，足以开启新的哲学思路，并强烈预示其代表作将要表达的思想。叔本华始终认为《四重根》是理解其哲学思想的必读书，并在1847年对它进行修订，以便再版。

另一部早期发表的著作是1816年的《论视觉和颜色》。这本小书是他与歌德交往的结果，后者的反牛顿式的颜色理论发表于1810年代初期。在讨论这一理论的过程中，叔本华和歌德逐渐彼此熟悉。叔本华并未把它纳入自己的首要计划，但可以理解的是，他没有拒绝与有生之年可能遇到的最伟大的人物之一进行合作。比他年长四十岁的歌德赏识叔本华严谨的头脑，认为他拥有巨大的潜力，但歌德更关心的是在自己的学术追求上获得帮助，而不是培养叔本华的才能。他们之间的短暂合作是叔本华事业中的唯一一次例外——但其骨子里却没有成为某人弟子的打算。他自己的著作《论视觉和颜色》与歌德的思想有所偏离，他也毫不掩饰地认为该书更胜一筹。歌德淡漠的回应虽不至于令叔本华崩溃，却也让他感到失望，两人的合作关系随之冷却下来。后来他给歌德寄了一本《作为意志和表象的世界》，并于1819年与歌德有过一次热情的会面，但此时两人已经分道扬镳。如歌德后来所言，他们就像两个握手分别的人，一个朝南走，一个朝北走。

叔本华的真正目标在《作为意志和表象的世界》第一卷中得以揭示。该卷完成于德累斯顿，发表于1818年，尽管扉页上注明的是1819年。叔本华在1813年的《四重根》一书中所进行的不带个人情感的康德式演练并未揭示其哲学的驱动力。该书没有回答有关痛苦和救赎、伦理和艺术、性、死亡以及生活的意义等问题，但这些领域已被纳入他关注的范围。搜集而成的《叔本华手稿》显示，他的最伟大著作经历了将近十年的创作过程。他对柏拉图和康德两人的思想加以改造，确信在普通意识与更高或“更好”的意识之间存在分裂，在后一种状态下，人的头脑能够穿透表象，领悟某种更真实的存在。这一思想蕴含了美学和宗教的意义：叔本华在书中谈道，艺术家和“圣徒”都具备这种“更好的意识”——虽然我们应该立刻声明：他的哲学体系是彻头彻尾的无神论。他还敲响了悲观主义的基调之一，称我们在其中奋斗、渴求和受苦的普通经验下的生活，正是我们需要从中解放出来的状态。这些思想到1813年已在叔本华的头脑中得以充分确立。

使这部里程碑式作品得以成形的思想是有关意志的概念。在这部才华横溢的著作中，如其标题所示，叔本华提出世界具有两面性，一个是表象（Vorstellung）的或事物在经验中向我们呈现的那个世界，另一个是意志（Wille）的世界。据他论述，后者才是世界的**本原**，它处于局限着人类知识的种种表象之外。给意志下定义并非易事。先不妨说说它不是什么，这来得更容易一些。它既不是任何形式的思想或意识，也不将事物导向任何理性的目的（否则“意志”将成为上帝的代名词）。叔本华眼中的世界是漫无目的的。他的意志概念或许可以用如下观点给予最佳解释：**朝着**某个目标**奋斗**，人们只要记住意志在根本上是“盲目”的，且它存在于自然界毫无意识的各种力量之中。最重要的是，人类心理可以被视为分裂的：它不仅包括理解和理性思维的能力，在更深的层次上还包括一种本质上“盲目”的奋斗过程，该过程支配着我们本性中的有意识部分，但也可能与其发生冲突。人类在两种生活之间维持着平衡：一种是作为生物体在本能驱使下生存和繁殖的生活；另一种则是纯粹智性的生活，它反抗人的本能，渴望对“更高的”现实作超越时间的思考。虽然叔本华的确仍预想有一种听天由命的“救赎”，但他认为普通生存状态必然包含痛苦与厌倦的双重悲苦，坚信这是由人类乃至于整个世界的本质决定

图2　青年时期的叔本华，1802年

的，且本应如此。

许多人无法将叔本华哲学作为一个单一的、连贯的形而上体系加以接受。但从叙事的角度，以及在该体系有关世界与自我的各个不同概念之间的动态互动方面，它的确具有强大的说服力和连贯性。与其把早期的著述视为所有后续著作的基础，不如把它当作一个早先的观点，它在新观点的比照下显得不够完善，并似乎受到新观点的削弱，但是后来却以改头换面的形式重新得到了确认。在这里有一种与同时代人黑格尔的方法表面上的相似，虽然一切与黑格尔有关的东西都令叔本华感到极度厌恶，而且在其他方面两人的写作也是大相径庭。托马斯·曼曾把叔本华的著作比作一首包含四个乐章的交响曲——以类似的心态来阅读此书不无帮助，可以在大量的“变奏”当中寻找基调上的反差和主题上的统一。当然，在文学构思和节奏的把握上很少有哲学家能够与叔本华媲美，也鲜有文风如此雄辩者。

尽管如此，这部伟大的著作在出版后的多年间几乎无人问津。叔本华感到苦闷，但他不是那种认为世人皆对唯他错的人；他毕生都坚信该书具有至高的价值。1820年，在以哲学教授黑格尔为首的教员面前试讲之后，他被授予了在柏林大学执教的权利。叔本华正式登上讲台，讲座的题目是令人惊愕的“哲学通论，即关于世界和人类思维之本质的理论”。可是他选择的授课时间与黑格尔重叠。有二百人出席了那位处于事业巅峰的教授的讲座，留给默默无闻的叔本华的听众则寥寥无几。后来几年虽然他的名字仍出现在讲座日程表上，但他再也不愿重蹈覆辙，就这样终结了自己的执教生涯。黑格尔所代表的是叔本华在哲学上厌恶的一切。他是一个职业型学者，善于利用叔本华所鄙视的体制权威。他维护教会和国家，而作为无神论者和个人主义者的叔本华对此是无暇顾及的。尽管叔本华本人是彻头彻尾的保守派，但他仅把政治国家视为保护财产和遏制过度利己主义的一个方便的手段；他无法接受黑格尔视国家为“人类存在之全部目的”的表述（《附录与补遗》第一卷，147）。黑格尔还是一个令人瞠目的文体家，其写作似乎成了抽象概念的堆砌，从中感觉不到由常识经验提供的新鲜空气；叔本华——不仅因为这一点——发现他的作品浮夸自大，宣扬蒙昧主义，甚至不够诚实。叔本华说，挂在黑格尔式的大学哲学头顶的标记应该是“一只乌贼，它在自己周围制造出一团晦涩的乌云，以便无人能看清它是什么，并附上铭文，‘我因自身晦涩而强大’”(《论自然界中的意志》，24)。若说叔本华的哲学建立在反对黑格尔之上是不确切的——他在创作其代表作时黑格尔离他的思想很远——但黑格尔获胜般的功成名就，加上他本人长期得不到认可的境遇，却在他心中产生了一种积怨，支配了叔本华随后的大部分哲学生涯。

19世纪20年代是叔本华著述最贫乏的时期。他曾到意大利旅行过，但在返回途中以及旅行结束后均遭受严重疾病和抑郁的折磨；他还与柏林国家剧院的合唱团女歌手卡罗琳·里希特维持着一段暧昧关系。他曾酝酿若干写作计划，如翻译休谟的宗教著作和斯特恩的《项狄传》，但无一落实。他的笔记本里有时写满了对黑格尔哲学的猛烈抨击，后经修改收入其后期的著作，但在柏林期间他并没有发表新的作品。特别令人遗憾的是，他为翻译出版康德的《纯粹理性批判》及其他著作而联系的英国出版商居然拒绝了他的提议。叔本华的英语很好，他有一流的文体感，而且对康德的作品了如指掌。假如他在这个相对较早的时候就成功地把康德推介给英语国家的更多读者，这对人类思想史将会产生怎样的影响，只能留待人们推测了。(与此对照，他的学术成就之一即是对《批判》第一版的重新发现，对此我们应该感激他，该书于1838年得以重版要部分归功于他的努力。)

1831年霍乱波及柏林，显然是它夺走了包括黑格尔在内的许多人的性命，叔本华也离开了这座城市。经过一段时间的犹豫不决后，他在法兰克福安顿下来，在此继续过着一种表面上平淡无奇的生活。写作之余，他以各种消遣来作为调剂——看戏、听歌剧、散步、吹长笛、外出就餐以及在镇图书馆读《泰晤士报》。现在的他更多产了。1836年他发表了《论自然界中的意志》，此文旨在通过举出从独立来源获取的具有确证性的科学证据，来支持他关于意志的学说。这至今仍是一篇有趣的论著，虽然我们有理由认为，若无《作为意志和表象的世界》作支撑，该论著本身并非上乘佳作。不过，在1838和1839这两年，叔本华报名参加了由挪威王家科学协会和丹麦王家科学协会所举办的两次论文竞赛，这两次机缘催生了两篇相互对应又独立成篇的优秀论文：《论意志的自由》和《论道德的基础》，1841年它们被合并为《伦理学的两个基本问题》一书出版。就基本信条而言，这些文章并未彻底背离叔本华的早期著作，但二者构思严谨、富有说服力，在宏大设计下各个局部的论述均清晰了然。把它们推荐给今天的伦理学专业学生也很合适。在论自由一文中，叔本华令人信服地陈述了决定论的缘由，但他认为决定论几乎无法解决有关自由和责任的深层问题，这与稍晚近的一些哲学家看法一致。这篇论文被挪威王家科学协会授予金质奖章。

第二篇论文的一部分是对康德伦理学的彻底批判，它在丹麦遭遇了不同的命运：尽管是唯一参赛的论文，王家科学协会却拒绝给它授奖。他们判定该论文未能成功地回答竞赛命题——并且他们对文中谈及时下几位优秀哲学家时的“不恰当”方式颇为不满。他们指的是谁呢？叔本华在后来的出版前言中反问道：

图3　叔本华：卡尔·路德维希·卡兹创作的微型肖像，1809年

费希特和黑格尔！难道这些人是不容轻慢的“哲圣”吗？的确，叔本华一直就没有遵循传统的学术礼貌规则，但是现在他要抓住这个机会，用一切可能的手段慷慨激昂地表达自己的观点。他对

黑格尔哲学发出了一系列越来越严厉的谴责，称其空洞而混乱，并引用荷马关于喀迈拉这个多种野兽混合体的生动描述作比喻。他在结尾处写道：

> 进一步讲，即便我说出下面的话也不为过：丹麦科学院尊崇的这个“哲圣”所胡乱写下的荒唐言论可谓前无古人，以至于任何读过他那本最受吹捧的所谓《精神现象学》而不觉得有如到了疯人院一般的人，都有资格进精神病院。(《论道德的基础》,16)

1844年，《作为意志和表象的世界》的第二卷与该书的新版第一卷同时出版。叔本华的明智之处在于他没有试图去改写年轻时代的作品。相反，他对原作进行了充分而详尽的阐发，在深思熟虑的基础上对其加以廓清和延展。第二卷实际上比第一卷更长，二者结合恰好构成一个整体。1859年，即他去世的前一年，它们以第三版的形式再次一并发行。叔本华最后出版的新著是1851年问世的另一部双卷本《附录与补遗》。这个堂皇的希腊语书名的意思是“增补的作品和省略的材料”，内容涵盖了从扩展了的哲学论文到较为通俗的、常常分散发表的“人生智慧格言”。有点奇怪的是，正是这部首先在英国获得好评的晚期著作使得叔本华名扬天下。对其作品的再版需求也随即而来，他甚至成了德国大学课程里的专题内容。造访者和信件纷至沓来，其中包括热情的崇拜者理查德·瓦格纳寄来的歌剧《尼伯龙人的指环》的完整剧本。附带说明一下，叔本华对此人的音乐评价并不是很高。在去世后的头五十年里，叔本华将成为欧洲最具影响力的作家之一。尽管他从未标榜自己为诗人，但出现在《附录与补遗》（第二卷，658）结尾处的诗行无疑忠实地反映了他在人生末年的感受：

1856

终曲

我如今疲惫不堪地站在路的尽头；
憔悴的额头几乎连桂冠都难以承载。
可我对此生的成就感到欣喜，
从不因他人言论而畏缩。

图4　叔本华：约翰·舍费尔拍摄的照片，1859年4月

第二章

现象之内与现象之外

现象与物自体

只要我们先认清贯穿叔本华全部哲学思想的主线，它就变得很容易把握了。这条主线就是他从康德那里发现的现象与物自体之间的区别。现象的世界由我们通过平常的感官经验和科学研究而认识的那些事物所构成，换言之，即经验世界。现象不可简单地理解为幻觉：构成我们经验知识的事物并非幻觉，而用相应的希腊语表示，它们就是组成世界的诸多现象。但是问题在于，整个世界是否仅由这些现象构成？我们是否应该认为"存在之物"可被我们的经验知识所穷尽？我们至少可以想象一个独立于我们的经验之外的现实，这就是康德所谓"物自体"的含义。

康德的成就在于表明知识是有限的：我们永远不可能了解世界的自体，而只能了解它向我们所呈现的状态，如科学家或普通感知者所为。因此，传统的形而上学者所标榜的认识上帝、灵魂之不朽或某种遍布全宇宙的超自然秩序的抱负注定无果而终。据叔本华的分析（见"康德哲学批判"，《作为意志和表象的世界》[①]第一卷附录，417—425），除了这项具有破坏性的成就之外，康德还增加了两项较有建设性的成就。其一是认为现象世界具有基本的和必然的组织原则，且这些原则能够被发现。其二是主张伦理学可以从现象领域中分离开来，且它不像科学那样构成知识：当我们审视人类自身所必然具有的行动性和是非观念时，我们所考虑的就不是事物在经验世界的存在方式了。

首先，让我们看看关于现象——我们所了解的这个世界——含有一个必然结构的思想。康德认为现象世界必须占据空间和时间。我们显然难以想象空间或时间的缺失，但康德更进一步，他辩称如果没有这二者，那么世界就根本不可知。类似的关系适用于原因和结果，以及事物能够在时间流逝中保持不变的原则。经验世界的规则是它必须包含持续恒久的事物，这些事物分布于时空之中，彼此发生系统的相互作用。康德认为，我们能够认识的经验世界不外乎此。然而，他最令人惊愕的断言是所有这些规则并非世界的自体所固有；它们描述的是**仅当**我们能够去经历这个世界时它所必然显现的状况。所以空间和时间、原因和结果仅仅与事物向我们呈现的必然方式有关。如果去掉经验的主体，则世界的结构也将了无踪影。

来自康德的第二个建设性论点与我们对自身的观念有关。在努力认识世界的同时，我们还需要作出各种行动和决定，这些归根结底都属于道德领域的问题。康德认为，道德成立的前提是

① 以下表示引文来源时简称《作》。——编注

我们每个人都把自己视为一个理性的、受责任制约且有选择行动原则之自由的生物。没有一种基于经验的考察能够表明我们是此类纯粹理性的、自由的生物：甚至可以说，在物质世界中不存在这种事物。尽管如此，我们却不能没有关于自身的观念。所以，虽然我的知识局限于经验世界，但我绝不认为我的本性也受此局限。简言之，康德的观点就是，我必须认为在表象之外的**我的自体**中，我是一个自由的和纯粹理性的主体。

当叔本华在哥廷根大学读书期间接触到康德哲学时，觉得它令人信服，但不完整。他接受现象与物自体之间的区别。在现象方面，他想对康德的观点作些修改，但欣然认同经验世界本身并不存在，而是被我们所强加的关于空间、时间和因果关系的规则赋予了结构。可是在物自体方面，他觉得康德的表述却含混不清。世界的自体究竟是什么？自我又是什么？这就是康德在区分了现象与物自体，并声称人们只能获得关于现象的知识之后留下的双重谜题。物自体的概念在德国学术界引发了对其他哲学问题的大讨论。叔本华的第一个老师舒尔策和他在柏林听过其讲座的费希特都是这场辩论中的主角。通过提出自己对这一谜题的解答，断言无论在整个宇宙还是人类微观世界中，物自体就是**意志**，叔本华是在回应当时一个炙手可热的问题，并在某种程度上聪明地利用了后康德时代为人熟知的一个观念。

更好的意识

从一开始，年轻的叔本华就不仅读康德的著作，还读柏拉图的著作，而正是从后者那里他接触到认识现象与“真实存在”之间不同之处的另一种方式。在柏拉图看来，“真实存在”是一组被称为理念或形式的不变的实体。个体事物是不完美的，它们来去匆匆，但这并不影响宇宙中的基本秩序，即由绝对和永恒的形式所构成的秩序。柏拉图认为，对人类的最大贡献莫过于获得对这些永恒形式——如正义本体、善的本体和美的本体——的认识。这样，人类的灵魂将被提升到一个超越一己之见和凡俗欲望的层次，达到对绝对价值标准的领悟，并从冲突和痛苦中获得解脱。在其思想发展的关键阶段，叔本华所臣服的就是这样一种远见。虽然康德的物自体本非人类知识所能企及，柏拉图的理念却是人类知识的最佳对象，但叔本华将二者的观点加以综合，形成了一种关于透过现象洞察物自体的柏拉图式见解。多年来他认为这是自己的一个重要发现：“**柏拉图的理念和康德的物自体**……这两者如出一辙，此结论虽闻所未闻，却肯定无疑。”(《叔本华手稿》第一卷，377）尽管叔本华尚未看出这两位大哲学家的立场其实并不相同，但其思想中产生的融合已经获得了自身的能量。他相信，经验意识受空间、时间和因果关系的局限，是一种低级意识，如有可能我们应该渴望从中逃离出来。只有进入一种“更好”的意识，人类才能发现真正有价值的东西。

“更好的意识”一词仅在叔本华早期未出版的手稿中出现过。它并未得到集中的阐述，后来被他弃而不用。但是他后期有关艺术的价值和以隐忍精神超然于世的思想却与其早期观点一脉相承。例如，1813年他曾在笔记本上写道：

一旦我们**客观地考量，即冥思**世间万物，那么在这一刻**主观性**也即一切苦难的源头便彻底消失了。我们自由了，感官对物质世界的意识停在我们面前，似乎是某种陌生和外来的东西，不再使我们感到疲惫和厌倦。并且我们不再潜心于思考空间、时间和因果关系这个连结的系列（对我们的个体性有用），而是能看到客体的柏拉图式理念……从世俗的意识中解放出来，也就获得了更好的永恒的意识。(《叔本华手稿》第一卷，50）

普通意识被看成是“苦难”的依附对象；只要我们能够突破把知识局限于表象的康德规则，就能进入一个使我们自身及我们“冥思”的直接对象都变得永恒的王国。叔本华认为这种“解放”可以在艺术中，以及在他称之为“圣人”之道的处世态度中找到。艺术天才和圣人均被认为是从一个超越普通的经验认识的立场来沉思现实的。近来有很多评论者贬低柏拉图的影响，把叔本华作为一个不甚正统的康德派哲学家对待。但是“更好的意识”却显然并非康德式思想；叔本华自认为康德和柏拉图在其哲学中合而为一，这个评价更为确切，虽然二者的体现方式颇为不同。

事实上，叔本华倾向于列举三方面的影响：“若不是奥义书、柏拉图和康德同时把光芒照进一个人的头脑，我想我的学说就不可能产生了。”（《叔本华手稿》第一卷，467）这第三个影响的情况如何呢？当叔本华邂逅奥义书的时候，他已经熟知柏拉图和康德的哲学思想，并形成了有关“更好的意识”的观念。他在1814年获得这些印度圣典（一个译自波斯文、取名Oupnek'hat的拉丁文版本），并在晚年称它们为“我生活中的慰藉”（《附录与补遗》第二卷，397）。我们可能注意到，在叔本华研读的印度典籍中有两个主要思想给他留下了深刻印象：其一是Mâyâ或虚幻，其二是包含在强大的梵文格言“tat tvam asi”（“此即汝”）中的个体与宇宙的同一性。叔本华在谈及我们的普通经验时往往指其未能穿透“虚幻的面纱”。这并非通常意义上的怀疑思想，即我们不可信赖感官作为了解物质世界的途径，而是指我们经验的物质世界不具有永恒性，不应该成为我们的终极信任之所在。叔本华认为，与艺术家和圣人所特有的不受时间制约的想象力相比，我们所经验并能以科学手段研究的物质世界没有真正价值，必须抛弃。悬置或否定自我与外在世界的区别（“此即汝”）是这种永恒想象力的特征之一。叔本华需要解决一旦人们抛弃普通经验意识，他们对世界和自我的认识将如何转变的问题，而在此过程中起到核心作用的观念就是丢弃视自我为单独个体的意识。他的部分思想与佛教有亲缘关系，这是他后来强调的一点，虽然它们之间是一种殊途同归而非影响的关系（《作》第二卷，169）。

四重根

当这些思想初步成形之时，叔本华正着手撰写他的博士论文，《论充足理由律的四重根》。在该文中他并没有提及“更好的意识”，而只是讨论支配着日常经验和推理的原则。他显然对自己得出的结论很满意，因为他后来几乎原封不动地保留了这些论文，并时常引用这篇论文。1847年他出版了该论文的扩充本，这也证实了他关于此文应被视为其完整思想体系之一部分的主张。我们现在通常所读的《四重根》就是后一个版本。

叔本华的《四重根》从单纯的充足理由律入手，它是与莱布尼茨和克里斯蒂安·沃尔夫相关联的18世纪学术传统中的惯用手段。该原则可以简洁地表述为："任何事物都有其存在的根据或理由。"(《四重根》, 6) 没有孤立无依的事物；万物都处于相互联系之中，这正是它们存在的原因或解释。但是，叔本华认为，事物与某根据或理由发生关联的方式有四种，且它们与四种不同类型的解释有关。对此，他声称，前辈哲学家们无一作过清晰的区分。人们最熟悉的一类是因果解释或基于自然法则的解释，即我们以某事件或状态与另一事件或状态之间的因果关系来对其作出的解释。第二类是我们以某判断赖以成立的依据，如经验式观察或可以从中推论出该判断的另一个真理判断，来解释该判断为真的理由。第三类是数学解释——比如，我们解释三角形为何具有那些特性。最后还有对人们所作所为的解释。我们以动机来解释行为，前者是后者的理由或原因，或兼而有之。叔本华认为，在所有这些情形中，我们讨论的都是人的意识所强加的关系，且在每一种情形下都是必然关系。因此，按他的表述，有自然法则必然性、逻辑必然性、数学必然性和道德必然性。一旦了解意识在处理这些关系时的活动特征，我们就能了解一切解释所采取的形式，并由此认识充足理由律的真正意义。让我们逐一介绍这四种关系。

《四重根》中篇幅最长的部分显然是对因果律的论述。意识所能把握的一类明显的客体是那些占据空间和时间、构成经验现实的可感知的具体事物。如前所述，空间和时间为经验现实提供基本的结构。但空间和时间是不可感知的；我们能够感知的是占满空间和时间的东西，在叔本华看来，也就是物质（《四重根》，46）。如果空间和时间二者缺一，则既不可能有特征各异的物质个体，也不可能有变化，因果关系也将失去适用的对象。根据因果律，物质世界的每一个变化都必有其原因，或用叔本华的话说，"每一种呈现的状态都一定是由此前的某个变化所引发或导致"（《四重根》，53）。该原则不容许有例外：我们通常所说的某个事件的原因只不过是发生在该事件之前的一个具体变化，而此变化本身又一定是由更早的变化所引起，依此类推。叔本华所用引发一词的含义，是指有规律地相继发生，或"与第一状态存在的频率相同"。原因和结果之间的关系是，只要第一状态出现，则第二状态将不可避免。这种关系被认为是必然关系。

叔本华对经验现实的性质有着简单而清晰的观点。物质个体存在于时空之中。物质能够与其他物质发生因果互动关系。一种物质所发生的每一个变化都是此前一种物质发生的某个变化的必然结果。可是，一种较为复杂的情况是，叔本华在对待物质问题上不是一个现实主义者，而是理想主义者：就是说，对他而言，没有意识就没有物质。与康德一样，他认为我们刚才所描述的整个结构仅仅作为向我们这些主体呈现的对象存在，而本身并不存在。当叔本华称时空中的经验事物为客体的时候，他指它们是**某一主体**的**客体**。在他的语汇中,“客体”是指在经验中或在主体的意识中遇到的事物。空间和时间是我们赋予经验的基本形式。所以如果没有主体,就不会有时空的物质占有者,物质状况之间存在的因果关系是我们作为主体所强加的。

在叔本华对感知的描述中,人的智性“创造”了由普通物质组成的世界(《四重根》,75),其途径是将因果律应用于我们的肉体感官所接收的感知印象。我们察觉到身体状况中发生的某种变化,接着我们的智性就运用因果律,投射出空间中一个“外在的”物质客体作为感知印象的因——这个投射物就是我们所谓感知的客体。所以因果律对叔本华来说具有双重重要性:它不仅主导物质之间的相互作用,而且为我们首先构建起对这些物质的认识。这个描述有一定的创造性,却又让人困扰。其一,肉体的感知印象从何而来?它们原本肯定是在智性活动之前由某种原因在身体内引发的,但叔本华并未讨论这个先在的原因是什么。其二,我们如何意识到最初的感知印象?后者不可能以物质个体(身体)发生的变化的形式而被意识所察觉,但如果不是这样,又何必要运用掌管物质变化的因果律呢?

叔本华认为意识的第二类客体由**概念**组成。在他看来,概念是精神的表征,性质上属于派生的:他称之为“表征的表征”。初级表征是对物质世界中的事物——比如一棵具体的树——的经验;相反,**树的概念**则是以省略每一次经验中的细节因素而形成的、代表许多同类事物的一般性表征。叔本华喜欢强调概念与直接经验永远相隔至少一步之遥,后者他以康德术语Anschauung

（直觉或洞察）表示。他认为，一个对我们很有用处的概念，一定总是能够转换成经验。以此衡量，诸如**存在**、**本质**或**物**这些概念实用价值最低（《四重根》，147、155）。我们将看到，叔本华还持以下观点：在一些领域，如艺术和伦理学，抽象的概念化思考实际上有可能阻碍真正的洞见。

尽管如此，叔本华认为，对概念的把握是人类的一个显著特征，它使我们超越了其他动物所能达到的意识高度。在他看来，其他动物在很大程度上跟我们一样，也具有对时空中存在的物质的感知能力——他在一段非同寻常的论述中悲叹在“人类皮肤变为白色的西方”，我们已经不再承认我们与动物之间的亲缘关系，而把它们贬为“野兽或畜生”（《四重根》，146）。但是其他动物的确缺少概念表征，进而缺乏判断、推理、创造语言或认识过去和未来的能力。思考或判断是概念的基本功能。叔本华把判断称为概念间的组合或关联，虽然他并不十分清楚这种关联的具体内容。他对判断可以表达知识这一观点更感兴趣，正是在这一点上充足理由律再次发挥了作用。“如果一个判断表达的是一件**知识**，则它必有一个充分的根据或理由；因为这个特征，它就具有了**为真**的属性。因而**真理**就是一个判断对与之不同的某事物的指涉”（《四重根》，156）。若一判断为真且有基于其自身之外的某事物作为充分根据，则该判断等同于知识，这是一个为人熟知的观点。叔本华的简短评论似乎未将一判断之拥有充分根据与其为真的属性加以区分。他是否接受以下观念，即真理便是与事物的状况相符，无关乎是否有判断其为真的根据，这一点仍然含糊不明。

图5　叔本华：路德维希·西吉斯蒙德·鲁尔创作的肖像，1818年前后

叔本华所成功论证的是，为真的判断可以有各类不同的根据。它们可能基于另一个判断，比如当我们从一个真理辩论、断定或推导（《四重根》，157—158）另一个真理的时候。另一方面，它们可能是“经验真理”，其根据不是基于另一个判断，而是源于经验。例如，我们作出“树上有雪”这个判断的理由可能是出于感官的见证。而在“树上有雪。雪是一种白色的物质。所以，树上有一种白色的物质”这个三段论中，最后一个判断为真的根据只不过基于前两个前提的真实性。叔本华把这称为“逻辑的”或“形式的”真理，它仅指基于演绎而不是观察的真理。按照他的描述，还有其他两类真理，他称之为先验真理和元逻辑真理。它们分别出现于当判断建立在经验状况之上或一般的思想状况之上这两种情况。一个著名的先验真理是“万事有因”，它既非基于观察也非基于从其他真理的演绎，而是一切经验所依据的基本原则。（叔本华在这一点上紧随康德。）元逻辑真理一般被认为是这样一种判断，即如果我们试图违反它，我们就完全不能正常思考。叔本华给出的一个例子是“不能同时承认又否认谓项为主项的属性”：比如，我们不能认为“雪既是白色又不是白色”。叔本华声称，充足理由律本身就是这样一种真理，尽管在一些伪装下，特别是在因果律的伪装下，它以先验真理的形式出现。

叔本华在《四重根》中给出的第三类客体仅由空间和时间构成。我们又一次离康德很近，他认为我们不仅能了解充满空间和时间的具体事物，而且能了解空间和时间本身的基本特性。根据这种观点，几何和算术是有关空间位置和时间顺序的知识体系，但它们既非科学的经验知识，也非纯粹的逻辑演绎。基于这种在今天会受到质疑的几何与算术观点，康德得出了结论，认为我们一定能以一种纯粹的、非经验的思维方式把握空间与时间。叔本华亦步亦趋，提出了他的充足理由律的第三类形式。比如，一个三角形具有三条边与它具有三个角之间的关系是彼此互为基础、互为充分理由。但叔本华争辩说，这种关系不是因果之间的关系，也不是一种知识与其论证之间的关系。我们不仅必须区分"成为"的理由（基于原因的变化）和"知晓"的理由（基于论证的知识声称），还必须区分"存在"的理由。如果说一个三角形有三个角是因为它有三条边，我们所指的理由不过是空间或其中一个面的存在方式。

充足理由律的最后一种形式仅适用于每个主体的单一客体。我们每个人都能意识到自己是意志的主体。我们经历着自己的"想要"和"作决定"的状态，而且总能问"为什么"（《四重根》，212）。我们假定我们的意志行为有其先在的理由，它能解释我们的行动或决定。这种先在的东西就是叔本华所称的**动机**，其运作原则就是他所谓的"动机律"，或行动的充足理由律原则。它认为每件意志行为都能用某种动机来加以解释。动机与意志行为之间的联系为因果关系，与普遍适用于物质世界变化的因果关系一样。因此，如叔本华所言，动机是"从内部看到的因果律"（《四重根》，214）。

充足理由律的局限性

叔本华之前的哲学传统对不同的解释形式没有作出始终如

一的区分，《四重根》是把它们区别开来的一次非凡而执着的尝试。我们完全可能认同他的请求，即从今以后“每个哲学家，当其在推断中把结论建立在充足理由律的基础上，或只要谈及一个理由的时候，都应被要求说明他所指的是何种理由”（《四重根》，233）。然而，厘清支配着我们的经验与推理的框架仅仅是叔本华的任务之一。他在1847年的扩充版中说，他所讨论的关系无一适用于构成我们经验的现象之外的范围：充足理由律的任何一种形式均不能适用于被认为是物自体的世界（《四重根》，232—233）。他还提醒我们，“崇高的柏拉图”把现象现实降格为“总是昙花一现，却从未真正而真实地存在过”的东西（《四重根》，232）。

在1813年的笔记本中，叔本华回到原来的任务，想揭示在所有这些主体强加的联系模式之外有何物。于是有了一个十分重要的发现：随着考察的深入，有一点明朗起来，即揭示物自体的本性与厘清“更好的”柏拉图式意识是两项截然不同的工作。物自体是一个隐藏的本质，它在我们强加于经验客体之上的秩序下运作。驱使他前进的动力也正是他自己的内在本性——可以说是在他内心涌动着的世界。他把这种隐藏的本性称为意志，并把它与普通生活所施加的“苦难”相关联。与此相反，只要他能够不再**是**这个意志，不再强加一切主观的联系形式，那么同样的世界将呈现出完全不同的面貌：它将笼罩在永恒和客观的荣耀之下，以“柏拉图理念”的华美盛装展现在他的面前。叔本华哲学的真正成形以他廓清物自体（意志）与“柏拉图理念”之间的区别为标志：前者指经验世界所包藏的昏暗现实，在这个世界中个体辛苦劳作并试图理解事物之间的联系；后者指一种值得追求的非凡境界，在那里一切联系都将解除，现实更为光明，无须苦心积虑地思考。

第三章

作为意志和表象的世界

叔本华最伟大的著作《作为意志和表象的世界》共分四卷，第一卷还收录了关于康德哲学的长篇附录。每一卷都呈现出一条清晰的思路。第一卷把世界看作表象，或者说是我们经验中的世界。第二卷又说，这个同样的世界（也是我们自身所在的世界）必须换一个角度来看待，那就是把它看作意志。以前我们曾把现象/物自体的区别称为叔本华哲学的支柱：现在“作为表象的世界”就相当于“现象”，而“作为意志的世界”就是物自体。但到了第三卷，审美思考的出现导致个人意志行为的中断，并把客体世界转变成永恒的理念现实。最后，第四卷强化了叔本华对于由欲望和行动组成的日常生活的悲观主义观点，提倡消灭人自身的意志，由此通向伦理之善，最终达到某种听天由命的神秘主义救赎。

表　象

那么，世界首先是表象。换句话说，世界是把自身呈现于主体经验中的那个东西。叔本华首先阐述了一种唯心主义立场。这种观点认为，我们所体验的物质客体之所以有序，之所以存在，取决于认知它们的主体。他称自己的立场为先验的唯心主义，这是康德的说法。但他也强调他与贝克莱具有一脉相承的关系，因为他在后者的信条“存在就是被感知”中看到了唯心主义最初的真理之光——康德的贡献则在于解释当客体世界由空间、时间和因果关系等必要规则控制时，被感知的事物是如何构成客体世界的。叔本华对经验世界的解释就是他在《四重根》中的解释：经验事物由物质组成，物质充斥于不同的空间和时间，并与其他的时间和空间产生因果互动。不过按照叔本华的唯心主义观点，离开了经验主体，所有这些客体都不会存在。

更具体地说，脱离具有经验的主体，**个体**事物就不会存在。我们在日常生活中所体验的是不同的事物。一张桌子是不同于其他桌子的个体，一只动物或一个人也是如此。但把世界分为个体事物的有效原则是什么呢？叔本华给出了一个明确而合理的回答：空间和时间中的位置。两张桌子是不同的个体，因为它们处于不同的空间，或者处于不同的时间，或者处于不同的时空。现在，如果你接受这种观点，并和康德一样，认为按照时空结构来组织事物是源自主体，而且这样的组织只适用于现象世界，不适用于自在世界，那么你就会得出结论，个体在世界中的存在方式不同于个体作为物自体的存在方式。如果不是我们主体赋予世界以时间和空间，那么世界就不会分化为个体事物。于是这里就出现了叔本华哲学的两条重要原则：空间和时间是个性化的原则，或者用他喜欢的拉丁文表述，principiurn individuationis（个性化原则）；在“自体”这边不可能存在个体。

叔本华关于唯心主义有四个主要论点。其一，我们不能想象存在于我们思想之外的任何事物，因为“我们在某一时刻想象的……只是一个认知性存在的智性过程”(《作》第二卷，5)。这使人们想起了贝克莱提出的一个具有争议的论点。贝克莱认为没有被感知到的树是不可想象的。然而，叔本华引用这一论点并没有说服力，因为即使**我**对独立于我思想之外的世界的**想象**必须以我的思想为前提，但我所想象的事物——独立于我思想的世界——的存在却并非如此。第二个论点认为，如果怀疑主义行不通，唯一可行的就是唯心主义。怀疑主义认为，我们不可能确切地认识物质事物的存在或本质，因为所有能够确定的都是我们自己意识范围之内的。如果拒绝唯心主义（该观点往后继续），认为物质世界完全存在于主体意识之外，那么就不得不承认怀疑主义的胜利，承认我们永远无法确切地认识物质世界。如果我们想坚持认为我们有资格**认识**物质世界，认为物质世界具有空间、时间并遵循因果律，那么就必须接受一点，世界不存在于我们的意识之外。

叔本华的第三个论点接着主张，实在论——作为唯心论的替代——脚踏两个“世界”，其中一个是多余的。

> 实在论认为，世界应该是存在的，像我们认识的那样，但它的存在又独立于人的认识。现在，让我们暂且从世界中去除所有认知性生物，那么世界上就只剩下无机物和植物。有石头啊，树啊，小溪啊，还有蓝天……但是，随后让我们往这

个世界放一个认知性生物。那么，世界就**再次**将自我呈现在人脑中……这样，对于**第一**世界而言，增加了一个**第二**世界。虽然第二世界与第一世界完全分开，但却惟妙惟肖……所有这些看起来很荒唐，因此我们深信，头脑之外的绝对**客观的**世界，即独立于头脑且**先于**所有认识而存在的世界，那个我们起初认为已经设想过的世界，原来只不过是已经**主观**认识到的第二世界，即表象的世界。这恰恰就是我们实际上所能想象的世界。(《作》第二卷，9—10)

叔本华在此涉足的领域，在他前后都充满着比较复杂的争议。至此讨论的三个观点早在贝克莱那里就出现过。但是，这些观点并不是决定性的，原因很简单。实在论者回答“怀疑论”的争论时会说，如果在怀疑论和唯心论之间进行选择，怀疑论更好。接受这种物质依赖于主体而存在的观点以保证认识，代价未免太高。而且该论点只是说，如果说我们具有任何确切的认识，则必须首选唯心论。人们也许认为不存在确切的认识，坚持认为经验世界仍应被视为独立于主观意识而存在。对于第三点，即存在于意识之外的物质世界是多余的，实在论者可以简单地回答说，意识之外的这个世界可能就是**那个**世界。只有唯心论者想说，意识中物质的**图像**就已经是物质世界了。实在论者不这么看，他们将独立于我们而存在的世界与我们关于世界的图像明确区分开来。然而，叔本华的一些观点与争论中我们所熟悉的内容相一致，对于批驳一些反对派很有价值。如果实在论既说我们只能确定存在于我们意识中的东西，又说意识之外的世界与我们头脑中建立的世界的图像一模一样，那么就可能遭到他的批评。

叔本华关于唯心主义的第四个论点是他最大的法宝。它建立在**主体**与**客体**这两个概念之上，主体就是认知者或体验者，客体就是被认知者或被体验者。表象的世界对叔本华而言需要两者兼有。他有两个宏论：第一，任何东西不可能既是客体又是主体；第二，绝对不存在没有客体的主体，或者没有主体的客体。他正是利用最后这个观点建立了唯心主义，而且在事实上使唯心主义成为一种显而易见的东西。如果没有主体去体验或思考，就不存在任何体验的客体。但我们为什么必须以这种方式思考时空中的物质客体呢？叔本华就会说，称它们为客体是为了说明它们能够而且确实存在于我们的体验之中。但他又要求我们相信，我们无论体验到什么，其存在都必须只是相对于我们对它的体验而言。这一简单的原理是叔本华的核心立场。由于这一原理，他认为，一旦人们能够恰当地理解唯心主义，就不会对之产生重大怀疑。不过这个原理确实是有问题的。

《作为意志和表象的世界》第一卷用相当多的篇幅讨论感知和概念推理的区别。我们在前一章看到，叔本华认为，我们与其他动物都具有感知能力，但正是概念和推理把我们与动物区别开来。对世界的感知关乎他所称的智性或理解力，他提出概念思维和判断在其中不起任何作用。另一方面，利用概念形成判断，把判断作为前提和结论互相联系起来，如此等等，则关乎他所称的理性。通过贬低理性的重要性，把概念视为或多或少是由直接经验或直觉模糊抽象而来，叔本华为人类思想和其他生物思想之间的密切同化铺平了道路。

意　志

我们读完第一卷再读第二卷，会突然发现一种逆转。这主要体现在一个关键问题上。在作为表象的世界里，我是谁？世界在我面前展开，它包含时空中的个体事物，这些事物纷纷在因果律的作用下发生变化——但我自身正是那个主体，该主体与它所经历的所有客体（包括我称之为身体的那个客体）都有所区别。似乎缺了什么。我似乎成了“长着翅膀而没有身体的天使”（《作》第一卷，99），我面对的世界成了我不属于其中的异己。

> 对于这种纯粹的认知性主体而言，身体和所有其他事物一样是一种表象，是诸多客体中的一个客体。它的运动和行为像所有其他认知客体的变化一样，目前为止以同样的方式为他所知；如果不用完全不同的方式破解它们的意义，这些客体对他而言都将同样地陌生，同样地不可理解。否则，他将把自己的行为看作呈现出来的动机的结果，遵循某种永恒不变的自然法则，就像其他客体的变化都有其原因、刺激和动机。但是，他对动机影响的理解，不会比他对任何其他出现在他面前的因果联系的理解更深入。（《作》第一卷，99—100）

叔本华提出这个难题，就是想让我们接受全书的核心思想，下面就揭开它的面纱：

> 然而，这一切并非事实；相反，谜底是针对呈现为个体的认知主体，谜底就是这个词，“意志”。意志，只有意志才是他认知自我现象的关键，向他揭示其中的意义，向他表明他的存在、行为以及运动的内部机制。对于认知主体，这个只通过对身体的认同来作为个体出现的主体，身体是以两种完全不同的方式被赋予的。身体是在对作为表象的智性的感知中被赋予的，是众多客体中的一个客体，会受这些客体规律的影响。但同时，身体还以一种非常不同的方式被赋予，即作为每个人立即就明白的东西，用一个词来指称，就是**意志**。（《作》第一卷，100）

叔本华的意思是，当我行动的时候（当我做什么事时），我的身体会运动；我对身体的运动的意识不同于我对其他感知到的事情的意识。我是“外在”于其他客体，或者说它们“外在”于我——但我自己的身体以一种独特而亲密的方式表明它是我的。可以这样解释：其他事件只是通过被观察到而发生，而我身体的运动是**我的意志**的表达。叔本华对意志行为的解释是反二元论的。二元论者认为，精神领域和身体领域是有区别的，**意志行为**（或意志力）是精神领域的事件，而身体运动是发生于身体领域的不同的事件。叔本华对此表示否认：

意志行为和身体行动并非两种不同状态的客观认知，并非由因果关系相联系。它们的关系不是因果关系，两者完全相同，虽然它们是以两种完全不同的方式被赋予的，首先是相当直接的方式，然后是为理解而进行感知的方式。（同上）

意愿、奋斗和努力要被看作我们用身体所做的事情，而不是与我们的身体没有关系的事件。它们在身体现实中表现自己，但也保持着“内在”性，因为我们每个人都以一种直接的、观察不到的方式知道自己奋斗的目标。这样，叔本华所称的“身体的行为”就既不属于彻底的精神领域，也不属于彻底的身体领域，而是具有两面性的单一事件：对于同样是普通经验世界之一部分的某个事物，我们每个人都有“内在”意识，并且这一点能够被观察到。

这种对意志行为的解释是叔本华思想中决定性的一步，因为它把人类主体牢牢置于物质世界之中。如果为目标奋斗就启动了身体，那么，在我们的意志行动时，我们就扎根于客体世界之中。因此，叔本华不能将意志的主体看作身体以外的任何事物。同时，他又反过来说，我们的身体性存在不过是意志行为。只要我们经历恐惧或渴望、喜欢或厌恶等情感，只要身体自身根据营养、繁殖或生存等各种无意识功能产生行为，叔本华都洞悉到意志在证明自己——不过是在一种新的广泛的意义上。他想要表明的是，普通的有意识的意志行为在本质上与许多其他启动身体或部分身体的过程毫无区别。不可否认，意志行为包含有意识的思考——它包含身体因智性中的动机而导致运动——但对于叔本华而言，这在原则上跟心脏的跳动、唾液腺的激活或者性器官的唤醒毫无差异。在叔本华看来，所有这些都可被看作个体组织在表现意志。身体本身就是意志；具体而言，身体是生命意志的表现，是一种盲目奋斗，一种位于有意识的思维和行为层面之下的盲目奋斗，其目的是保存生命，再次孕育生命。

这一有趣的想法包含于一种更为广泛的主张中，即整个世界本身就是意志。正如我的身体运动有着客观经验未能揭示的内在性一样，世界的其他事物也是如此。叔本华想寻求一种让自然界所有的根本力量变为同质的解释，并认为科学天生是不能令人满意的，因为科学总是说着说着就没了声音，它解释现象的行为，却说不出现象的本质或隐藏的内在特征。它对自然的统一解释是，所有自然过程都是意志的表现。这初看起来有点异想天开——但我们应当注意叔本华的告诫，他大大地扩展了“意志”这一概念：

> 迄今为止，自然界任何具有意志的奋斗力量或操作力量，其内在本质的同一性都还没有得到认识，因此，诸多同类而不同种的现象还没有得到认可……所以，指称这“类”概念的词语尚无法存在。因此，我用最重要的种来命名类，对这些种的直接知识离我们最近，可以引导我们间接认识所有其他事物。但任何未能按要求引申该概念的人将永远处于误解之中。（《作》第一卷，111）

所以，我们不能头脑简单地把“意志”从人类行为迁移到整个自然。它只是在还不存在任何合适词语的情况下充当最方便的术语。然而，叔本华哲学的这个方面让人费解。什么是对意志概念“按要求引申”？可能这是对意义的引申：如果“意志”现在具有新的含义，可能会避免叔本华说些荒唐的话。但对这种想法不应该作过于宽松的理解。例如，叔本华坚持认为“意志”与“力量”不可通用（《作》第一卷，111—112），而且问题并非只是“语言上的争论”。通过声称所有过程都是意志，“我们事实上把某件鲜为人知的事当成了为人熟知的事，其实也就是当成了我们立刻完全知晓的那件事”（《作》第一卷，112）。把意志行为归入力量（或者能量，前面也提到过）之下并非叔本华的本意。有关意志的整体原则之所以对我们有所教益，只是因为我们从自身行动中对何为意志行为有了一定的理解。另外一种解释是，叔本华把“意志”的意义固定了，只是放宽了它所指现象的范围。他的确说过在力学中，“**求索**表现为地球引力……**溃散**表现为接受运动”，以及类似的话（《作》第二卷，298）；他准备着用惊人的话语来谈论“洪水奔流而下的强大的、不可抗拒的冲击力，磁铁始终指向北极的毅力和决心，铁器飞向磁体的迫切渴望”（《作》第一卷，117—118）。这又当如何理解？如果从字面来理解，不免令人难堪。但这里他可能在做一件更为玄妙的事情，试图通过修辞手段告诉我们自身与自然的亲缘关系：无机世界的行为在一定程度上“**像**人的欲望那么强烈”，所以“我们不用发挥过多的想象力就能再次认识我们自身的内在本质，即便它非常遥远”。但这并不是说铁真的渴望什么，或者说大水奔流是因为它想要奔流。

我们通常称作意志行为的东西应该是认识世界的明确路标。因此，“意志”必须仍然在运用于人类行动的意义上进行理解；然而，我们必须扩展其意义，至少扩展到不至于野蛮地认为世界上每一个过程背后都有一个思想、一个意识或一个目的。在很大程度上，叔本华让我们相信，世界是盲目地运行的，“以一种枯燥的、片面的、不可改变的方式”运行——每个人类个人意志的许多表现也是如此。下面这段话非常清楚地说明了叔本华的观点：

> 只有意志是**物自体**……它的所有表象、所有客体就是现象、可见性、**客观性**。它是每一个具体事物最深层的本质、核心，也是整个世界的本质与核心。它出现在自然界每一种盲目行动的力量中，也出现在人们刻意的行为中。两者之间的巨大区别只与表现的程度有关，与表现的内在本质无关。（《作》第一卷，110）

这当然意味着，自然中的各种力量，那些与意识目的相关和不相关的力量，必须被理解成某种形式的奋斗或对目的的追求，即使是非常微弱的形式。

这种学说还有两个特质值得注意。首先，如果意志是物自体，它就不是存在于时空中的某种东西。时空只是主体强加给作为表象的世界的结构，而物自体是在作为表象的世界被忘却时所遗留的东西。既然叔本华认为时空是个体化的原则，那么物自体就不能分裂成独立的个体。除了表象、空间和时间，只有整个世

Die Welt

als

Wille und Vorstellung.

Von

Arthur Schopenhauer.

Dritte, verbesserte und beträchtlich vermehrte Auflage.

Erster Band.

Vier Bücher, nebst einem Anhange, der die Kritik der Kantischen Philosophie enthält.

Ob nicht Natur zuletzt sich doch ergründe?
Goethe.

Leipzig:

F. A. Brockhaus.

1859.

图6 《作为意志和表象的世界》书名页

界才应该被视为意志。其次，作为物自体的意志与日常经验世界的事件之间不可能存在因果关系。因果关系也只是在个体物质事物发生的经验变化这一层面上起作用，在物自体的层面上不起作用。康德似乎要求物自体能够对我们产生因果影响，有些类似于某个经验客体，而叔本华充分地意识到，这种观点正是许多同时代的人接受康德思想的绊脚石。叔本华自己回避这个问题，从不认为作为物自体的意志是一种原因。但是，自在世界与我们经验认识当中的事物和事件之间又是什么关系呢？叔本华有时会谈到经验实际中意志的“表现”，但他喜欢用的术语是“客体化”。这意味着世界呈现给我们的只是我们所能体验到的那一面。我们不得不把单一意志和它在纷繁现象中的客体化看作硬币的两面，即同一世界的两个方面。

这里一个重要的问题是物自体的可知性。叔本华的意志论是形而上的。对他来说，形而上学解释了实在的根本性质，但形而上学把经验资料用作唯一可能的指南：“世界之谜的答案必须来自对世界自身的理解……形而上学的任务不是忽略世界存在于其中的经验，而是彻底地理解它，因为内在与外在经验肯定是所有认识的主要泉源。”（《作》第一卷，428）严格地说，我们的认识再多，也只能局限于内在与外在经验的现象。所以我们不会——也不能——认识纯粹的物自体。我意识到自己正在进行中的意志行为时，我所认识的是意志的现象表现，不是物自体。然而，正是这种对我自己的意志行为的认识才是认识整个自在世界的关键。但如何认识呢？

我们知道，叔本华拿物质客体世界的经验与对人自身意志行为的“直接”意识进行对比。有时，他认为后者似乎直接就是对物自体的认识：“我的身体是我认识的唯一的客体，我不仅认识它表象的一面，而且认识它被称为**意志**的另一面”（《作》第一卷，125）；“每个人都发现他自身就是这种意志，世界的内在本质就由它构成”（《作》第一卷，162）；“一种**源自内部**的方法能让我们看清事物的那种真实的内在本质，这种本质我们**从外部**无法洞察”（《作》第二卷，195）。这可能在暗示我们内心与物自体直接的认知性接触，还可能暗示我们可以进一步推测世界上万事万物都有一个类似的内在本质。但我们一定想知道，如果物自体是绝对不可知的，这又如何能实现？叔本华比较慎重时就说，我们“立即”认知的意志行为是一个时间中的事件，因此是我们表象的一部分，而不是物自体。但是，他还说，虽然物自体“不是赤裸裸地出现”，但在我们对行动的“内在”意识中，已经“在很大程度上揭开其面纱”（《作》第二卷，197）。在我们对自身意志行为的意识中，我们仍然站在表象和物自体之间二分的这一边，但我们可以说我们距离认识物自体更近了。但这仍然麻烦。如果对我们意志行为的认识是我们最接近物自体的认识，即便在这里也不能直接认识它，那么，我们宣称认识到它是什么的真实基础是什么呢？

作为形而上学的运用，叔本华的意志作为物自体的学说有着明显的缺陷，有人甚至怀疑他是否当真——也许**意志**只是一个用来解释广泛现象的概念，不应该引申到不可知的物自体？另一方面，如果这是他的全部立场，那么他不可能像他明确打算的那样揭开“谜底”。鉴于这些问题，他的形而上学理论追随者寥寥无几就不让人觉得奇怪了。然而，如果就此打住，未免目光短浅。叔本华更为严格限制的**生命意志**的概念是一种有趣而有力的思想，抓住了能观察到的人类和动物行为的特征。他的意志在人类中自我表现这一观念，以及他发现的我们为意志所统治但又逃离意志的对立性，使他得以给我们生活的很多领域赋予新的含义，这一点我们稍后就将看到。这使他能够把思维过程解释为具有一种有机的、指向生存的功能，能够说明无意识力量和感情对智性的影响，能够指出我们把自己描绘成理性的个体思想者在某种意义上只是幻想，能够把性作为人类心理的核心，能够解释音乐的力量和美学体验的价值，并认为日常生活不可避免地无法圆满，从而提倡抛弃个体欲望来与我们的存在达成和解。对后世哲学家、心理学家和艺术家产生最大影响的正是这些应用，而不是物自体就是意志这种枯燥的形而上的言论。

第四章

意志、身体和自我

身体和意志的统一

叔本华宣称的“我的身体和意志是一体的”（《作》第一卷，102）有许多不同的解释。首先，我们前面已看到，它是指意志的**行为**就是身体的运动。对此叔本华立场坚定，他说：“意志的每一个真实、真正、即时的行为也同时并直接是身体的一个明显的行为。”（《作》第一卷，101）虽然有些不合常理，但这意味着没有任何一种事物像意志行为一样，离开了人的肌肉和神经的正常运转就不能实现。（叔本华是否认为如果中风患者的身体不能按照其意愿来活动，这些患者就没有真正产生过意志呢？）但是叔本华是在试图废黜精神和物质之间的传统对立，而代之以一种意志和智性、理性之间的对立。知觉、判断和推理均是他所称的表象的功能。我们观察事物的一种状态在客体世界中的存在方式，判断它是应该被改变还是应该被保留，并形成行为意图。叔本华的主要观点是这些都还不是**意志行为**。知觉、思想和意图的活动是可能引发意志——也就是身体——产生行动的截然不同的预备事件。他淡化了意志行为和身体活动之间的区别，转而关注对客体世界的表现与其中的以实现目标为指向的运动状态之间的显著差异。

叔本华关于意志与身体统一性的另一个论据是，几乎所有对身体有影响的事物都引发意志的某种反应，反过来，一旦意志被激发，就总是会出现身体上的表现。以意志为主题列一个精神状态的清单可以包罗广泛：

> 一切欲望、奋斗、祝愿、要求、渴望、希望、热爱、欣喜、欢庆，诸如此类，不亚于不情愿或抵制，一切厌恶、逃避、害怕、愤怒、仇恨、哀悼、遭受痛苦——简言之，一切情感、激情。因为这些情感和激情都是人自身意志的冲动，有些微弱，有些强烈、剧烈、猛烈或比较平静，而人的意志有的遭到压抑，有的得到发泄，有的得到满足，有的又得不到满足。尽管它们变化多端，但都与意志目标的实现与否相关，与对憎恶对象的忍耐和克服相关。因此，它们是同一意志的外在感情流露，该意志活跃在决策和行动中。(《论意志的自由》,11)

叔本华承认，有时，当身体感官受到影响，我们的反应是中性的，并不以上面任何一种方式触发意志——但这种情况非常少见。多数情况下，这样的一个事件在一定程度上让人感到痛苦或者愉悦，乐意或是烦恼。同样，当我们处于叔本华那个清单上的任一种精神状态时，身体都会出现一种伴随特征：心跳加速，脸色煞白或是满脸通红。所以“每一次猛烈的、过度的意志行为，换言之，每一种情感，都会直接而即时地引发身体变化，影响它内部的活动”(《作》第一卷，101)。对叔本华来说，这些想法有助于说明身体和意志的同一性。从叔本华所说的更宽泛的意义上来看，它们的确至少表明在身体存在和意志行为的经验表现之间存在紧密关系。

引起身体运动、产生于有意识思维中的表象就是叔本华所说的**动机**。我们同其他感知世界的动物一样有一些相同的动机。比如，猫因为感知到天敌或者食物而做出的行为就被叔本华归为由动机引起的意志行为。相反，人类是不同的，不仅感知动机，理性动机也可以引起他们的行为：通过概念化地表现事物，我们推理出应该做什么，这个过程是促使我们行动的原因。猫因为觉察到食物并感到饥饿就可能吃东西，而人吃东西则是因为他作出判断：这样做是最好的行动方式。但是意志行为在这两种情况下都以相同的方式通过身体活动表现出来。在叔本华看来，不同的意志行为真正的区别在于引起它们的原因。他区分了三种基本的原因，分别是动机、刺激和纯粹简单的原因（例如机械和化学变化中的原因）。

至此“意志行为”一直代表一系列具有身体表现的精神状态，包括积极奋斗、各种情感，以及快感和痛感。但是意志在身体上的一些表现我们根本不该称之为精神状态，而是一种甚至连其他较低等自然生物也具有的东西。植物对光线、水分、重力等以一定方式作出反应。它们并不实施行为，它们的活动和改变也不是由动机引起的，原因很简单，它们不具备用来感知的思维。导致植物向阳行为的是**刺激**，而不是动机。然而，叔本华还是愿意将这种植物行为看作意志的一种体现，他认为，即便不存在有目的性的思维，这种行为也只能被理解为具有目的指向。叔本华将意志归为身体活动，认为意志不同于表象，于是他发现植物对刺激的反应活动与猫及人的动机活动之间有密切联系。很明显，人类和动物也会对刺激作出反应——瞳孔无意识地收缩即是一例。在叔本华看来，这一情况同样是意志的一种表现——尽管这并不是意志**行为**，因为它不是由对世界的有意识的表象引起的。

生命意志

意志这个概念在叔本华那里并不局限于身体对动机和刺激的偶发反应，因为他宣称“整个身体只不过是物化了的意志”（《作》第一卷，100），意思是身体生长和发展的方式，以及它各部分的组织方式都揭示了一条为目的奋斗的原则，一条“盲目”起作用的原则：

> 牙齿、食道和肠道是物化了的饥饿感，生殖器是物化了的性冲动，能抓取的手和灵活的脚则对应那些它们所表现的意志的较为间接的努力。（《作》第一卷，108）

身体运转的基础和解释这种运转的东西，其实也就是身体本身的存在，是它的生命指向性——叔本华称之为**生命意志**。叔本华是在大胆地寻求一个假设，以解释所有生命形式生长、运转和发生行为的方式。

很容易想到的是,“生命意志”这个观点是错误地建立在自然界存在目标这个观点之上的。但是,尽管叔本华表明“目标”或“目的”是通过各种行为模式和具体器官的运转来实现的,他显然还是认为有机体不怀有任何有意识的目标——因为意志的运作是“盲目”的:

> 从动物的本能和机械技能上我们同时看到,意志在不被任何知识引导的情况下同样活跃……一岁大的鸟没有蛋的概念,它却为之建了一个巢;幼小的蜘蛛没有猎物的观念,但它却去织网;蚁狮第一次挖洞做陷阱时对蚂蚁没有任何概念……甚至在我们身上,意志也以多种方式盲目地运作;在不受知识引导的我们身体的所有机能中,在身体所有关键过程和生长过程中——消化、循环、分泌、成长和繁殖中,意志都以多种方式盲目地运作。(《作》第一卷,114—115)

所以,尽管表面看来肤浅,但叔本华并不只是想从人格化的层面上理解自然。虽然他要我们用首先适用于我们自己的概念去阐释这个世界,但生命意志这个概念则起到将人性从不同于自然界其他生物的特殊地位降级的作用。首先,那种“盲目”的力量在我们的身体中和在自然界中一样运作:并没有任何有意识的意志行为来控制我们生存并繁殖生命。其次,甚至在有意识、有目的的人类行动的意志行为与在其他地方起作用的生命维持机能和本能之间，也存在着一种紧密的连续性。我们追求配偶，养育后代，是为与其他动物相同的本能所驱使。叔本华还将人类的感知、理性和行动能力视为一种涵盖面更为广泛的原则的分支，这种原则使得昆虫筑巢，羽毛生长，细胞分裂。在这方面，生命意志看似一个相当有前瞻性的概念。另一至关重要的特征是，叔本华坚决反对把自然看作具有外在的或是神性的目的。即使“单一的意志”贯穿现象的多重性而表现出来，也只是意味着一切行为都属于同样的奋斗或目的指向活动。一切生命形式都向着生命奋斗，但是自然界并不存在协调一致的目的，存在的是通常与达尔文主义紧密相关的无目的性和冲突。叔本华嘲笑那些认为世界具有神性的“泛神论者”和“斯宾诺莎主义者”，但是他“压根不明白为什么存在这偌大的悲喜剧”(《作》第二卷,357)。

另一方面，叔本华确实相信世界上多种多样的生命物种和非生命物种是永恒的、静止的。并不是只存在个体，那些我们碰巧归类为蚂蚁、橡树或是磁场的事物。其实，每一个体都属于一个**种类**，这些能够存在的种类是固定的。所以，虽然个体事物在时光中来来去去，但**蚂蚁或是橡树**，作为一个种类，则是经验现实的一个永久的特征。叔本华表达这一观点有两种方法，他多次重复提到。一种是说意志（物自体）以一系列的**等级**来表现或是物化它自身。另一种是说这些表示种类的**蚂蚁**和**橡树**等是理念，或者是他常说的“（柏拉图的）理念”。我们能拥有的最客观的知识大概就跟那些“固定在物质自然界中的”持久形式相当。这样的客观知识并不在于认识赤裸裸的物自体——这是不可能的——而在于认识那些我们可以经历的事物的永久模式。

下面这段话很好地表明了叔本华如何在自然界运用他的生命意志学说和理念秩序的观念：

> 自然界中随处可见竞争、奋斗和胜败的交替……意志物化的每一个等级都为物资、空间和时间而战……这一普遍的冲突在动物王国表现得最为明显。动物以植物王国为自己的给养来源，而在动物王国内部，每一种动物又是其他某种动物的猎物和食物。这意味着，既然每种动物只有靠不断地淘汰其他动物才能维护自身的存在，表现一种动物理念的物质就必须让位于另一理念的表现。因此，生命意志通常是以饱餐自身而存在，它就是自己的养料，以不同的形式出现，直到最终人类征服了其他所有生物，将自然看作是为供他使用而制造的。(《作》第一卷，146—147)

智性——意志发展的结果

现在我们来到叔本华观点的一个重要阶段，其重要性无论怎么高估都不算过分。他宣称我们关于经验世界的所有知识都是我们所属的这种有机体的产物。知识及其客体的结构取决于它的主体碰巧成为的生命意志的表现。读者在作为表象的世界的入口所了解到的一切，控制着我们经验客体的时空形式和因果关系，还有我们能通过抽象从客体中得到的概念和判断——所有这些都只是一种表象，下面隐藏着我们本性的驱动力：意志。我们成长为可以感知、判断和推理的生物，是为了实现生命的目标：生存、获取养料和繁殖后代。在叔本华的叙述中，这是人类主体的命运中一个显著的变化。我们引以为荣的认知能力似乎突然成了一种方式，某个特定的物种会用这种方式来控制影响它的环境，以促进自身的幸福：

> 个体生命及其繁殖取决于一些目标的实现，而（智性）就是为了理解这些目标而存在。但是这样的智性绝不是注定要阐释独立存在于认知者之外的事物和世界的内部本质本身。（《作》第二卷，284）

为建立这一理论图景，叔本华不得不既要声明所有的生物功能都是生命意志的表现，又要声明知识、知觉和推理是生物功能。为此，他支持一种非常直截了当的唯物主义思想：思维的状态即是大脑的状态。如果不从自我意识的观点来看待我们的思考和感知过程，而是以一种“客观”的眼光来看，我们必然得出结论说，它们“不过是大脑这个内部器官的生理功能”（《作》第二卷，273）。时空中的这整个个体客体的世界仅仅是由我们的表象组成的，而表象是大脑的功能。所以，大脑，这个“头骨中的柔软髓状物”支撑了整个客体世界——叔本华关于精神状态的唯物主义论述与他的理想主义结合，产生出这样的论断：个体事物的经验世界是大脑功能的产物。因为害怕说出这类事物，过去的人们发明了非物质的灵魂这个概念，但是叔本华却没有丝毫畏惧：

我们毫不畏惧地说，这个柔软的髓状物就像每一种植物或动物的一部分一样，也是一种有机结构，它和所有那些在我们非理性兄弟的次等头颅中偏安一隅的较卑微的亲戚一样，甚至和那些毫无理解力的最卑微的生物也一样。(《作》第二卷，273)

最后，大脑是一个生物器官，所以也不能脱离叔本华的生命意志观念：

客观感知的**认知意志**就是大脑，如同客观感知的**行走意志**，就是脚；**抓取的意志**，是手；**消化意志**，是胃；**生育意志**，是生殖器，凡此种种。(《作》第二卷，259)

所以，他的立场是：我们关于经验客体的知识能力属于大脑的机能运转，大脑是身体的一个器官，而身体的所有器官为了繁殖生命得到了发展。因此我们大肆吹嘘的知识只是我们自己的一个派生的特征，我们身上首要的要素是在身体这个整体中自我表现的意志。有意识的行动是由对世界的感知和有关世界的推理引发的，这只是我们身上的这种意志被启动的一种方式。人类的个体主体不同于世界上其他奋力生存的生物，只是由于他或她的大脑的特殊组织结构产生了自我意识和推理。但是这些能力只是冰山一角，冰山的主体是意志。不管愿不愿意，我们都会被意志所驱使，陷入冲突、痛苦和挫折的困境。叔本华仍抱有超越这个困境的希望，但是，我们下面将看到，我们只有中止身上的意志或者令其自我背叛，才能充分发挥智性的最大潜能。知识必须最终“抛弃它的枷锁，从意志的所有目的中挣脱出来，纯粹为它自己而存在，只充当一面反观世界的明镜”（《作》第一卷，152）。但这种情况很难出现。

自　我

我是什么？叔本华会说我是世界上的一个个体，是一个有生命的躯体，属于某一拥有意识、能够行动的物种。这样一来我怎么能够思考自身呢？对此他却语焉不详。在他的哲学中，自我被相继看作经验与知识的主体、意志和行动的主体、生命意志的身体表现，以及一面反映永久现实的纯粹的镜子。有时，好像这些不同的概念在争夺第一把交椅。这种**主体客体**二分法是《作为意志和表象的世界》整本书的出发点，在这里显得尤为重要。如前所见，他解释说主体是认知者，客体则为主体所认知。但是这必然使我们感到疑惑：主体是什么？

对叔本华而言，表象的主体是一种单一的意识，在这种意识中，多种不同的客体经验统一在一起。物质性的事物和概念性的思想在主体看来是表象。但是主体本身是思考着和感知着的“我”，与被思考和被感知的事物是相对的。理解这一点很重要，即叔本华的表象的主体不属于客体世界的任何一部分。它根本不是一种事物。它不存在于时空中，不与客体发生因果关系，不可见，不等同于身体，甚至不等同于人类个体。他特别喜欢将主体比喻为一只眼睛，能看到外部世界却不能看到它自己，或是比喻为光线在凹透镜聚焦的无广延性的点。主体是经验汇聚之所，但它本身绝不是经验的客体：“我们从不知道它，但是它正好就是只要存在知识就能认知的事物。”（《作》第一卷，5）这样看待主体的不止叔本华一个人。他的这个观点有康德思想的影子，后者曾提出自我意识（知觉）的纯粹“我”的概念；另外，叔本华说，“神圣的奥义书中的优美章节提到：‘它是人看不到的，但能看到万物；它是人听不到的，但能听到万物；它是人识别不了的，但能识别万物’”（《四重根》，208）。维特根斯坦后来借用了叔本华不能看到自身的眼睛这一意象和主体不是世界的一部分这一观念。

叔本华对这个纯粹的表象主体的态度是矛盾的。一方面，他说“每个人发现他自己就是这个主体”（《作》第一卷，5）。我们不仅意识到我们所思考、感知的事物，而且意识到那个会思考和会感知的**存在**。另外，他表示，我们不可能不想到那个会思考和感知的东西有别于它所意识到的所有客体——甚至是身体，即“客体中的客体”。但是，同时我们每个人又都是一个不同于别人的个体。每个人都与物质世界的某一特定部分紧密相连，而且，作为行为或意志的主体，每个人必须是一个血肉之躯。看起来我们同时是两种主体：意志行为的主体，它本质上是被体现的；以及认知主体，它是客观认知万物的，包括认知自己的身体和意志行为，它也是完全徘徊于个体事物的世界之外的。我们关于自我的概念也许应该加以分割。但我们认为思考和感知的“我”与行动的“我”是一体的，同一的。叔本华称之为“超凡的奇迹”，声称“意志行为的主体和认知主体的同一性是由于……‘我’这个词包含并表明了这两者，它是世界的节点，因此是无法言表的”（《四重根》，211—212）。

人们也许认为，叔本华无意间批驳了他自己的非客体的纯粹主体这一概念。因为他承认，这个概念充其量只是提供了一种不完全的、令人不解的思考自我的方式，他说很难解释“我”是如何能够同时指涉纯粹主体和行动的、物质性的身体的，他甚至不得不援用“奇迹”这个概念来解决这个问题。我们也可能无法相信我们确实“发现自我”是纯粹的认知主体，或是相信这根本只是一段关于自我意识的哲学论述所需要使用的一个概念。但是，叔本华的这些难题不只是他自己的无能为力——它们深深陷入了久久解不开的困惑。我们每一个人不**仅仅**是世界上的一个客体；我们需要一些解释，为什么人会意识到自身的存在，为什么既存在于自己的经验“内部”，又好像与世界上其他事物不同。叔本华不是二元论者：他避免一切认为灵魂、精神或非物质物体是构成现实的一部分的观念。现实是物质的，我们每一个人用“我”来指涉的东西部分地是这个世界的一种主动的物质事物。但叔本华显然是正确的，他说问题并没有就此结束。有一点似乎是真的：我不知怎么就“发现自己是主体”，无论我们多么确切地解释它。一些哲学家最近表示，要协调关于我们自身的“主观”和“客观”的观点，存在着一个根本的甚至是不可逾越的问题。叔本华揭示的这个潜在难题是一个重大哲学问题。

关于自我的不同观点本来就斗争激烈，在叔本华作出智性运转是大脑的机能这一唯物主义的解释、提出个体身体是生命意志的表现这一学说之后，这种斗争越发激烈。

> 智性存在于自我意识中，因而是主观的，它又在其他事物的意识中表现为大脑，因而是客观的。意志存在于自我意识中，因而是主观的，它又在其他事物的意识中表现为整个有机体，因而是客观的。(《作》第二卷，245)
>
> 作为一个不可分割的点，大脑活动（或知识主体）的焦点确实是很简单的，但它并不因此就是一种物质（灵魂），而仅仅是一种状态、状况……这个**认知的**、有意识的**自我**与意志相关，意志是它外在现象的基础，就好像位于凹透镜焦点上的形象与镜子本身的关系；而且，正如那个形象，它只有一个受限制的，其实恰当地说仅仅是表面的现实。它根本不是绝对的第一物质（像费希特教导的那样），它本质上是第三物质，因为它以有机体为前提，而有机体又以意志为前提。(《作》第二卷，278)

这里我们需要提取两个不同的要素，一是叔本华的唯物主义，一是他认为意志是我们的本质的观点。

我们既可以主观地看待自我，也可以客观地看待自我。如果我们客观看待自我，把自我看作出现在经验世界的事物，那么根据叔本华的观点，唯物主义就是最合理、最连贯的立场。单纯而简单地做一个唯物主义者可能会导致“片面”(《作》第二卷，

13），因为唯物主义绝不可能恰当地解释成为一个经历并理解世界的主体意味着什么这个问题：“唯物主义是一种主体哲学，主体忘记了考虑自己。”但是真理的一个方面是我们可以客观地把自己描述为居住在这个经验世界的事物，此处唯一的选择就是设想我们自己是时空的物质占有者，受制于因果法则。所以，我们从一个角度称之为思想和知觉的东西，从另一个角度就成了物质大脑和神经系统的过程。从这个客观的角度看，我们认为自我是主体，但这个主体——用叔本华最极端的话来说——“只是表面的”。

如何将关于自我的主客观看法结合起来是一个悬而未决的问题，但即便是这个问题也还不是叔本华带给我们的全部困境。因为大脑和有机体不仅仅是一个无活动力的物质现实的一部分。它们本质上是盲目意志的表达，能够使生命存在、繁殖。意志是根本，意志之下才是主体和客体的区分。意志和表象之间的更大对比在此得以重申。表现的主体和被表现的客体在一定意义上都是虚幻的，因为在自在世界中主客体之间的区分并不存在。即使我这个主体消失，所有组成我的经验的个体客体也随我而去，意志自身仍会存在，继续奋斗，继续产生新的生命形式。对叔本华而言，关于自我的最根本的观点是，这同一个意志将在产生了我这个主体的身体有机体中继续奋斗。

第五章

性格、性和无意识

意志和智性

对叔本华而言，人最基本的要素是意志。智性只是第二位的；叔本华将智性解释为生命意志在大脑和神经系统中的一种特殊表现，“只是为意志服务的一个工具”(《作》第二卷，205)。叔本华创造出很多意象来解释智性和意志的关系，他最喜欢的意象是一个视力正常的瘸子被一个身体强壮的盲人扛在肩上。智性是有意识的，是我们观察世界的窗户，但是引导我们行为的驱动力却深藏于精神之中，藏于身体或者说是人这个有机体之中。意志至上论有多种用途，广义上都属于心理或伦理层面。叔本华在某些方面是20世纪无意识的观点和性影响人的行为等观点的先行者，两者均源于他对智性和意志的对立性的思考。他的伦理学也依托于这样一种观点：使个体成为他自身的那个核心并不是智性，而是永久的、潜在的意志。

我们再次发现，个体对他或她的身份意识是不确定的。自我是介于意志和智性之间的混合体。尽管从客观上讲，智性也是意志的一种表达，但在我们自己的自我意识中，我们能够将智性区

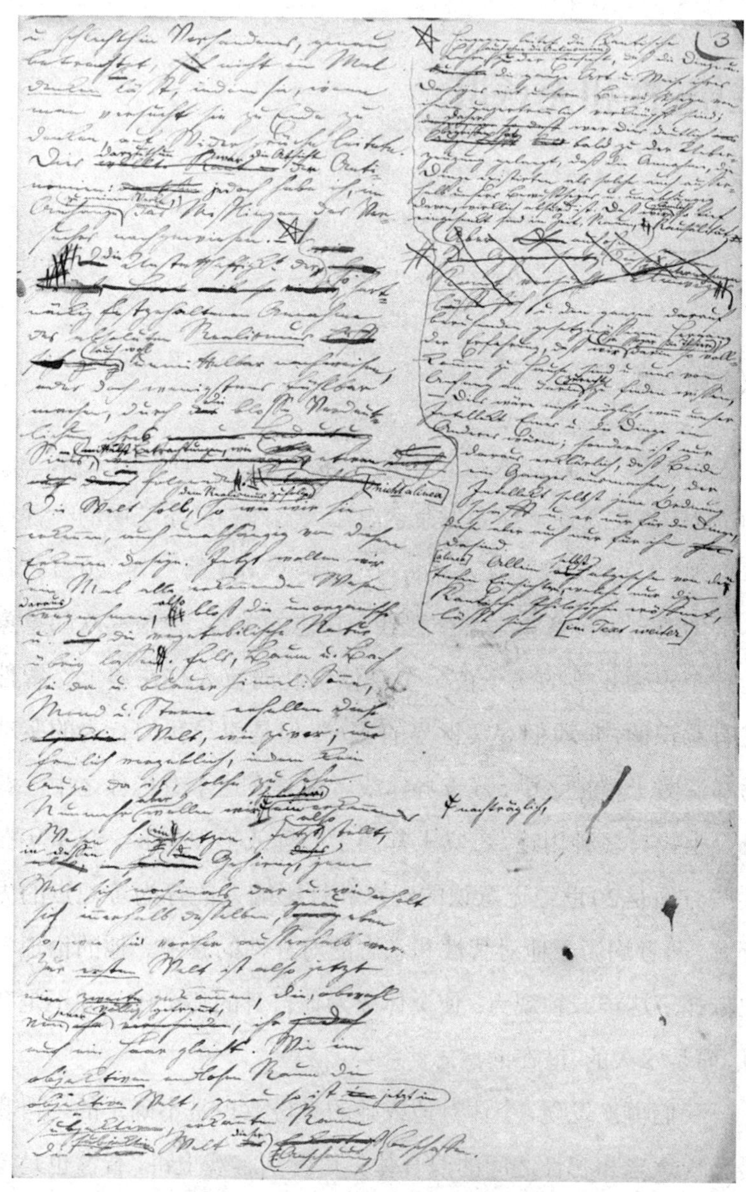

图7 《作为意志和表象的世界》第二卷手稿摘录

分出来，作为我们被有意识的知觉和思维所占据的那一部分。这一分裂的主观征候表现为我们可能意识到的多种冲突和控制：智性与意志之间的一种“表现在人身上的奇特的相互作用”(《作》第二卷，207)。例如，意志是我们身上相对原始的部分，还没有先进到以不同于真实信念的方式对假想的观念作出反应：

> 如果……我们独自一人，思考个人事务，这时一个栩栩如生的画面出现在我们面前，比如就在眼前的危险的威胁，以及可能出现的不幸后果，焦虑会立刻涌上心头，血液也停止流动。但是如果智性接下来转而考虑可能出现相反的结果，并允许想象力在我们面前描绘出一幅夙愿得偿的幸福情景，所有脉搏就会立刻因欣喜而加速跳动，心也会变得如羽毛般轻盈，直到智性从梦中醒来……我们看到，智性一旦奏响它的旋律，意志一定闻之起舞；事实上，智性使意志扮演了一个孩子的角色，照看这个孩子的保姆兴之所至，时而唠唠叨叨，时而讲故事，一会儿讲高兴的事，一会儿说伤心的事，孩子的情绪也随之千变万化。(《作》第二卷，207—208)

另一方面，我们对世界的普通体验中充斥着来自意志的肯定或否定意义：

> 在对世界和生命的即时感知中，我们一般仅从关系的角度看待事物……我们看房子、船只、机器等等，都是考虑它们

的用途和适用性……我们想想，种种情感或激情在多大程度上模糊、篡改了知识，事实上，一点点的好恶就让我们的判断乃至我们对事物的最初感知都会产生扭曲、色差和歪曲。我们回忆一下，当我们因为一个圆满的结果而欢欣鼓舞，整个世界会立刻披上一层明亮的色彩，仿佛在对我们微笑，反之，当忧虑和悲哀压迫我们，世界会变得黑暗阴沉。我们再来看一看，甚至一个无生命的事物，由于它恰好是我们所憎恶的事件中的工具，也会显得面目可憎，例如绞刑架、关押我们的堡垒、外科医生的工具箱、带走我们心上人的长途客车等等。(《作》第二卷，372—273)

我们倾向于不以“纯粹”的方式来使用智性。我们的经验和思维面对物质世界的方式是由意志驱动的——对叔本华来说，这进一步证明了他的意志是人类最根本因素的观点。他举出很多别的例子来说明意志持有偏见：

我们的**优势**，无论是哪一种，都有一种凌驾于我们判断之上的相似的神秘力量；与它一致的东西我们就觉得公平、公正、合理……一个想象的成形的假想，会使我们对所有能证实它的东西目光灼灼，对所有与它相悖的东西视而不见。与我们的政党、计划、愿望、希望相违背的东西，常常不能为我们所把握和理解，但是其他人却看得清清楚楚。(《作》第二卷，217—218)

任何希望把大脑描述为一个纯粹知觉和推理的中心的人，都必须推翻叔本华（根据传闻轶事、一般观察及内省）提出的大量反证；他认为我们的经验大部分被符合我们自己目的、本能和情感需求的东西所支配。

叔本华表现非凡洞察力的地方是在他的下意识理论，这是他的意志理论中更重要、更有影响的一个方面。既然意志独立于我们对现实的有意识再现而运行，它就可以被归为欲望、目的和感情，这些虽不是思维主体有意识怀有的，却能控制他或她的行为。他举出一个例证（他称之为“琐碎”“荒唐”，然而“触目惊心”），我们计算自己的财务状况，“经常会犯一些对我们有利的错，而不是对我们不利的错；这样做确实不掺杂一丁点不诚实的意图，只是我们无意识中有一种希望减少**债务**、增加**存款**的倾向”（《作》第二卷，218）。但这只是一个普遍原则的小范例。叔本华说，智性时常被排除在“它自己意志的秘密决定”之外。我不是有意识地决定我希望在一个特定场合发生什么，但是看到某种结果，我会感到“一种欢欣鼓舞，一种难以抗拒的喜悦扩散至我的全身……我自己也很惊奇……直到这时我的智性才认识到意志早已牢牢地控制了这个计划”（《作》第二卷，209）。

意志在这里是个体心智的一部分，尽管它始终处于有意识的智性视野之外，它仍然采取态度，引导公开的行为。叔本华甚至认识到一种类似于弗洛伊德许久之后提出的压抑论的过程：

这个意志……最终显示出它的至高无上。它的至上是通过禁止智性出现某些表象，完全制止某些思路的产生来实现的，因为它从同一的智性得知，换句话说，体验到它们会在它内部引起前面描述过的任何情感。于是它抑制、限制智性，强迫它转向别的事物……我们时常不知道我们渴望什么，害怕什么。我们能够长久地怀有一种渴望，而无须自我承认，甚至也无须清醒地意识到它，因为既然我们对自我的好的看法会因意识到这种欲望而不可避免地遭受损害，智性就不会去了解关于它的任何东西。但如果这个愿望得偿，我们就会从我们的快乐中认识到这就是我们渴望的，虽然不无羞愧之情。(《作》第二卷，208—210)

在另一段有趣的段落中，叔本华认为这种机制导致某些形式的精神失常：

每一个新的不利事件都必须被智性同化……但是这种过程本身常常是痛苦的，大部分情况下是缓慢的，不情不愿的。然而，要想保持心智健全，这种过程必须每次都能得以正确执行。反之，如果在一种特定情况下，意志对一些知识的接受所表现出的抵抗和反对达到了这样一个程度……以至于某些事件或状况出于智性原因被完全压制，因为意志不能忍受它们的出现，而且，如果因此产生的鸿沟因必要联系而被任意填充起来，我们就会精神失常。(《作》第二卷，400)

性与性别

叔本华夸大其词地说，他之前所有的哲学家都“忽视”了性爱[“我是前无古人”（《作》第二卷，533）]，而他尤其对柏拉图的贡献不以为然，这是没有根据的（《作》第二卷，532）。然而，能如此直言不讳地谈论性，把性作为自己哲学的重要基石，叔本华又一次显示了他非凡的前瞻性。在他看来，性时刻存在于我们的思想中，“这一公开的秘密在任何地方都不能被清楚地提出，但却在所有的地方一直被认为是头等要事”（《作》第二卷，571）。“它几乎是人类所有努力的最终目的；它对最重要的事务产生不利的影响，时时干扰最严肃的工作。”（《作》第二卷，533）以上这些在叔本华的理论中毫不为奇。性交的冲动是人类存在的真正核心，这种本能是生命意志在我们身体中最直接、最强有力的表现：“生殖器，”他乐于这样告诉我们，“是意志的焦点。”

叔本华将本能解释为这样“一种行为，似乎与一种目的或目标的概念一致，但又完全没有这样一种概念”（《作》第二卷，540）。性行为和性解剖以一种类似目的的方式指向生殖。当然，生殖有时也可能是有意识的目的，但在他或她的行为表现出本能这个意义上，个体有意识的目的就无关紧要了。叔本华认为，性活动及其复杂、广泛的环境所指向的生殖“目的”实际上就是人类这个物种的一个“目的”，是一种自我生产的内在动力，个体只是充当其载体而已。个体对性目标孜孜以求，反映了这一潜在的物种目的的重要性。

所以叔本华认为，个体性行为完全听命于一种非人的力量。对此他最惊人的提法是，一个尚未孕育的后代的生命意志将一对男女伴侣吸引到一起。他们认为自己的行为是完全出于自己的兴趣，出于对另一个个体的个人渴望，这种观点是一种“妄想”（《作》第二卷，538）。这种妄想本身是“自然可以达到它的目的”的一种方法。由此看来，世世代代诗歌中颂扬的“对爱情的渴望”，其实是情人的身外之物，于是也就具有个体难以控制的强大力量：

> 这种渴望使无穷的完美幸福这一概念与对一个确定女人的占有紧密相连，使不可言表的痛苦与占有无法实现这一想法紧密相连；这种爱的渴望和痛苦不能从短暂个体的需求中获取素材。相反，它们是物种精神的叹息……物种本身拥有无限的生命，因此能够拥有无尽的欲望，无尽的满足和无尽的苦难。但是这些都被囚禁于一个凡人狭小的胸膛中；因此，难怪这样的一个胸膛似乎随时要爆炸，无法表达满腔的无尽狂喜或痛苦。（《作》第二卷，551）

叔本华还相信，一旦物种的目标在情人间完成，他们的狂喜与妄想最终一定会消退：

> 被（物种精神）抛弃后，个体退回到初始的狭隘与贫乏，他惊奇地发现，经过如此高度、英勇、无尽的努力，除了性满

足带来的快乐，其他方面毫无快乐可言。与期望相反，他发现自己并不比以前幸福；他注意到自己被物种意志欺骗了。（《作》第二卷，557）

当然，个体会继续感到性欲是他们自身对某一个特定的人的欲望，他们会意识到这个人的身体和精神特征。叔本华列出一个详尽的男人大概希望女人具有的特征清单（合适的年龄、健康、骨架匀称、丰满、姣好的面容——以此为序）和女人大概希望男人具有的特征清单（合适的年龄、力量、勇气）。但是，抛开这样的细节不谈，产生吸引力的所有特征都可用一种方式来解释：它们都产生于无意识的选择原则，物种意志通过这些原则发挥作用，确保下一代的特征。虽然性交的意图明明不是为了繁殖后代，叔本华仍坚定地从生命繁殖本能的角度解释主观的吸引力。甚至连同性恋现象也不能阻止他作如是观：他认为，这种广泛存在的情况一定是"以某种方式从人类本性自身生发出来的"，虽然他对同性恋的解释多少有点孤注一掷的意味。他认为，很年轻和很年长的男性精液有缺陷，他们会依照本能采取非繁殖的方式排放精液，因此他们仍然会促进尽可能繁殖最佳后代的"物种意志"。

有人可能会对叔本华的另一信念感到吃惊：我们从母亲那里继承的是智性，从父亲那里继承的是意志。很少有哲学家认为智性是一种女性特质，而情感能力却是男性的。叔本华确信他的主张是有经验证据的，但他又提出一个观点，该观点表现出他的本色。意志是"真正的内在存在、核心、根本要素"，而智性是"次要的、偶发的，是那个物质的意外产物”（《作》第二卷，517）。因此，就此推论，我们应该指望更强大的、更有繁殖力的这一性将意志灌输给它的后代，而母亲“不过是孕育的原则”，负责的仅仅是次要的智性。此处的重点是确保女性是表面的、次要的，而男性是实质的、根本的、首要的。由父亲那里继承的是“道德本质”“性格”“心灵”。智性由女性产生的观点，其实是叔本华形而上的意志至上论和他认为女性一定从属于男性的相当传统的偏见相结合的产物。

叔本华歧视女性的观点集中体现于短文《论女人》（《附录与补遗》第二卷，614—626），具有极强的腐蚀性，也使他背负些许骂名。他的观点在多大程度上使他从前人和同辈人中脱颖而出，这一点是有争议的。一方面，他也许特别值得注意，因为他试图将性别差异赋予这种形而上的意义，特别重视性在人类生命中的地位；另一方面，也可以认为他实际的观点在当时是相当普遍的。毋庸置疑的是，他在该问题上的措辞非常激烈：

> 只有男性的智性，因为被性冲动所蒙蔽，才会将身材小、肩膀窄、屁股大、腿短的性别称为美丽的性别；因为在这种冲动中能发现它全部的美。（《附录与补遗》第二卷，619）
>
> 终其一生，女人都是长不大的孩子，总是只看到眼前最近的地方，纠缠于当下，以为外表就是真实，喜欢琐事胜于重大事务。因此，正是凭借理性，男人才不像动物那样只活在当下……由于理性较弱，理性带来的好处女人享受得比较

少，理性带来的坏处女人承受得也比较少。(《附录与补遗》第二卷，615—616)

有几种美德可补偿女人理性的不足。叔本华认为女人更具人性的慈爱之心，而慈爱具有最高的道德价值；他还认为女人比男人更脚踏实地，更现实（又是智性在起作用）；但他确信女人不是很善于推理，性格浅薄。她们的兴趣是“爱、征服、衣着、化妆品、跳舞”；她们把一切都看作赢得男人欢心的手段；掩饰是女人的天性，“如同自然为狮子装备了爪子和牙齿，为大象和野猪装备了长牙，为野牛装备了尖角，为乌贼装备了染水的墨液”(《附录与补遗》第二卷，617)。女人也许有天赋，但艺术天才很明显只能是男性：“一般来说，女人现在是、将来也是彻头彻尾、不可救药的俗人。”(《附录与补遗》第二卷，620—621)偶尔，人们能瞥见小说家、社交名流、他母亲约翰娜·叔本华的肖像：

最初的母爱纯粹是**本能的**，因此它随着孩子身体的无助而终止。取而代之的应该是一种建立在习惯和推理上的爱；但通常这种爱没能出现，特别是在母亲不爱父亲的情况下……男人长期不断的辛苦工作得来的财产后来落入女人之手，女人要么傻里傻气地耗尽，要么短期内挥霍一空……女人的虚荣心……是很糟糕的，因为它一心盯在物质上……所以她们热衷于社交。(《附录与补遗》第二卷，625—626)

混杂着个人辛酸的传统的男性情感——其结果很难有什么启发性。但是，任何对叔本华哲学的解释都不应该压制这些对他十分重要的观点。

性　格

我们已经知道，叔本华认为意志是我们内部最重要的因素，而智性仅仅是次要的、“偶发的”。由此可见，意志通常扮演着一种非人的角色，一种大于个体的力量，依附于人类或整个世界，在每个个体身上平等地表现出来。但是，叔本华也相信每个人都有与众不同的性格。在这一点上智性仍然是次要的。标志一个人作为个体的独立身份的真正核心，并不是智性能力和特点，也不是意识的连贯性。

> 我们年纪越大，我们经历的不留痕迹的事物就越多。高龄、疾病、大脑损伤、疯癫，会完全剥夺一个人的记忆，但他的个人身份并没有因此丧失。身份立足于同一**意志**及其无法改变的性格；也正是这一点让那一瞥的表情不可改变……我们真正的自我……其实什么都不知道，只知道愿意和不愿意，满意和不满意，以及各种被称为感觉、情感和激情的事物的变体。(《作》第二卷，239)

每个人的性格在叔本华看来都是独特的，尽管由于我们都属于同一物种，区别有时会很细微。个体性格在解释和预知行动时是很重要的。行动产生于动机，但动机必须与施动者的性格联合起来。相同的客观条件被不同的人以相同的方式感知和理解，可能导致他们采取截然不同的行动。对于巨额行贿，有些人会接受，有些人会婉言谢绝，还有人会将你移交官方。叔本华认为，动机（即智性认识到的事物的外部状态）在这三种情况下有可能相同，而且智性本身可以说也在以完全相同的方式工作。但是不同的是性格。如果我们彻底了解每个人的性格，以及他们所抱的所有动机，我们就能不差分毫地预知他们的所有行动。叔本华钟爱的另一条拉丁语格言就是operari sequitur，“行动源于存在”：我们**是**什么部分地决定了我们怎么做。这一原则无异于我们借以预知受到相同影响的不同自然物的不同行为的原则：“同一动机对不同人的影响完全不同；好比阳光赐予蜡白色，让氧化银呈黑色，所以热使蜡变软，使陶土变硬。”（《论意志的自由》，50）这一性格理论对自由、责任、道德都有影响，这一点我们后面将会发现。

叔本华将性格看作一个人的“存在”，一种有别于这个人所有行动的总和的东西。行动皆源于存在，每一个行动都带有它所属的这个人的烙印。这可能使性格听起来很神秘，但叔本华向我们保证，我们只能通过经验表现在他人甚至我们自己身上来认识性格——实际上就像我们了解蜡或氧化银的特性那样。我们观察了很多行为，经过一段时间，才逐步了解一个人有多诚实，有多勇敢，有多少同情心。对我们自己也是这样：除非看到我们的行动如何进展，我们可能对自己的性格特征有很多误解。所以叔本华说性格是**经验性的**。它与我实施的系列行为不同，但只有通过观察这些行为才能被发现。

叔本华认为每个人的性格既是恒定的，又是天生的。我们既不能选择也不能改变我们所成为的那个自己。教育能使我们更好地认识世界和自我，赋予我们更好、更高尚的动机去行动，但是在这些动机驱使下行动的自我其实没有改变："在一个人的年龄、关系，甚至是知识和观念储备这个变换不居的外壳下，如同蟹隐于壳下一样，隐藏着那个同一而真正的人，他是不可改变、始终如一的。"（《论意志的自由》，51）叔本华认为，我们平常的许多态度都证实了一个观点：我们承担的不仅是一个人的身份，还有他恒定的道德性格。如果我们一直相信某人会如何行动，而结果却令人失望，"我们绝不会说：'他的性格变了'，而会说'我看错他了'"（《论意志的自由》，52）。例如，照此观点，我们不会说某人以前诚实勇敢，但是现在狡诈怯懦，而会说他们狡诈怯懦的程度至今才完全显现出来。为了进一步证明性格的恒定性，叔本华举例说，我们多年后从别人的行为方式认出他们仍没有变，而且我们对自己四十年前的所作所为依然有责任感和愧疚感。

从性格是天生的这一论断中，我们又一次发现不应该把人类与自然界其他群体区别对待。不能指望橡树结出杏子来，叔本华说。人类明显具有天生的物种特征。为什么人们如此不情愿接受个体层面存在天生的勇气、诚实或邪恶呢？叔本华的证据，虽说不够有力，引导他这样来思考：人类个体出生时并不只是一张白板，等待经验来书写才形成任何性格。在我们能够获得知识或者很好地感知世界之前，我们就是意志生物，对影响我们的事物产生积极或消极的情感反应。即便在这个阶段，人也具有一个基本核心，这个核心并不是由他或她对世界的智性理解来塑造的。

叔本华也提出了**习得性格**的概念。特别是在年幼的时候，我们可能无法正确理解我们的性格是什么。我们不知道自己真正喜欢什么，想要什么，也不知道干什么能成功。习得性格是更好的自我了解，这是一个人通过洞察自己真实恒定的性格逐步获得的——这一观点在某些方面使人想起尼采后来的观点："成为你自己。"但是，这一具有启发性的观点与叔本华的其他思想是相矛盾的。因为给人感觉是在我获得习得性格之前，我可能就开始了有悖于我真实本性的事业——这应该是不可能的，如果我天生的、不变的性格真的决定我的一切行动。

然而有时，叔本华对性格的论述甚至更叫人摸不着头脑。

> 无论我们变得多老，我们内心仍感到自己同年轻时完全一样……这种东西没有变化，总是完全保持绝对相同的状态，并不随着我们变老，它就是我们内在本质的核心，它不存在于时间之中……我们习惯于将认知的主体，也就是认知的我，看作真实的自我……但是，这只是大脑的功能，并不是我们真实的自我。真正的自我……它产生出另一种东西，当那种东西沉睡时它并不随之沉睡，当那种东西死亡消失时它仍保持着完好的状态……**性格自身**……仍与以前完全相同。独立自主的意志本身长存不息；因为唯有它不可改变，不可毁灭，不会变老，不是形而下而是形而上的，它不属于现象表

现，而属于显现的物自体。(《作》第二卷，238—239)

在此，性格究竟为何并不清楚。一方面，它是独特的，依附于作为个体的自身。另一方面，它“不存在于时间之中”，它“不是形而下的而是形而上的”，甚至在个体死亡，他或她的主体意识消逝之时，仍“保持着完好的状态”。坦率地说，问题在于：我的“真实自我”，或者说“我内在本质的核心”，是依附于我这个有限个体，还是那个完全超越时空和个体性的物自体？如果是前者，那么它就既不可能独立于时间之外，又不能不受我自身死亡的影响。如果是后者，那么它就根本不能用来解释我的个人身份。叔本华似乎跌进了一个基础性的难题之中。但是从某个方面来说，他的迷惑背后又有更为深奥的意味。因为他最终想宣称，看起来对我们如此重要的个性，不仅是痛苦的源泉，而且是某种错觉：“实际上，所有的个性归根结底只是一个特别的错误，虚妄的一步，一个最好是不应该存在的东西。”(《作》第二卷，491—492)《作为意志和表象的世界》第三、第四卷——我们下面要谈的这部巨著的后半部分——将探索逃避个体性，逃避位于我们核心部分的意志的可能性。

第六章

艺术与理念

审美体验

审美体验这一节故意完全改变了叔本华著作的总体倾向，因为主体的意志在此避而未谈。只要我们还在运用意志，或者为意志所控制，我们在认识一个事物时就会不得不考虑它与其他事物以及与我们的一系列关系，比如：我们需要吗？我们用得上吗？它比别的好吗？它是如何变成现在这个样子的？它能作什么用？正如我们的智性是用来服务于意志的器官一样，我们用来认识客体的所有惯常关系都是受意志控制：我们感知事物是为了控制事物，为了生存。只有当我们完全停止使用意志，客体才能摆脱时、空、因、果等关系的束缚而浮现在我们的意识中。

叔本华对审美体验的认识属于一种传统，即认为审美体验就是对客体持有一种“无利害关系”的态度，因此他也常被引用作为这种观点的主要支持者之一。该观点主张，要想从美学角度体验某个事物，必须抑制或抛开所有的欲望，不去考虑会产生什么结果，满足什么需要或利益，只关注事物在感知中自我表现的方式。在叔本华看来，审美体验肯定会永远是任何人一生中最不平凡的一段经历，因为他说过意志是我们的本质，我们“考虑事物的平常方式”无不渗透着意志：

> 只要我们的意识还是为意志所充满，只要我们还是听命于种种欲望及其不断的期待和恐惧，只要我们还是意志行为的主体，我们就永远得不到持久的幸福和安宁……因此意志行为的主体永远躺在伊克希翁的旋转轮上，永远在用妲娜伊德的筛子打水，是永远解不了渴的坦塔罗斯。
>
> 但是，如果某种外来因素或内在意向突然把我们从无尽的意志行为之流中托起，将知识从意志的奴役中解救出来，我们就不再把注意力集中于意志行为的动机，而是摆脱事物与意志的关系来理解事物。于是我们考虑事物就不带利害关系，不带主观性，而是纯粹客观地考虑……于是，突然间我们在意志行为的那第一条道路上总是可望而不可即的安宁自动向我们走来，我们就满心欢喜……在那一时刻，我们从可怖的意志的压迫下解脱出来。我们暂时从意志行为的徒刑中解放出来过上安息日；伊克希翁的旋转轮停止了转动。(《作》第一卷，196)

介绍作为表象的世界的第一本书轻松而又拘谨，我们步入作为意志的世界时初识消沉，第三本《作为意志和表象的世界》则带有光明和欢快的特征，这证实了美学对作者的重要性。

叔本华深刻地阐述了美学的核心问题：“如何在不涉及我们

图8　叔本华：尤利乌斯·哈梅尔创作的肖像，1856年

意志行为的情况下从客体身上体会到满足和快乐。”（《附录与补遗》第二卷，415）（他对美的愉悦的看法在某些方面类似于康德在《判断力批判》中提出的观点，尽管叔本华对这种联系不以为然，而且他也不认为康德的美学论著是他最好的著作。）按照常理，愉悦和满足来自某种欲望或目标的实现。我们所谓的幸福通常是在我们的一个目的得到实现后感受到的，或者可能是暂时还没有新的奋斗目标。但是这种愉悦和幸福，既然它们离不开意志行为，就永远带有痛苦的可能。首先，一切意志行为皆“源于缺乏，源于不足，所以也就是源于痛苦”（《作》第一卷，196）。其次，

当任何一种欲望得到满足后，意志行为的主体很快会面临新的不足。因此在意志的驱使下人只能在痛苦和满足之间摆动，而且叔本华相信，痛苦持续时间更长，而满足只是暂时回到中间状态，然后又感到缺乏。

美学的问题就在于除了这种摇摆中的愉悦，如何还可能存在其他的愉悦。如果我们把愉悦定义为补充缺乏或满足欲望，那么完全无意志的沉思状态应该就毫无快乐可言了。显然，身处这种状态的好处是不会再有痛苦的可能，叔本华对此非常清楚。然而无意志状态怎么可能让位于真正的愉悦呢？有时候，叔本华笔下也表明这似乎不可能，似乎美学沉思是一种纯知识状态，一种对客观现实的冷静记录——“我们步入了另一个世界，可以这么说，在那里任何动摇我们意志，因此也让我们深深不安的东西，不复存在……幸福与不幸都消失了”（《作》第一卷，197）。但是他同时又用“安宁”“幸福”等字眼来描述审美体验，认为是一种特殊的快乐或愉悦。他甚至还说：当“所有痛苦的可能全部消除……这种感知的纯粹客观状态就变得能让我们感到极其快乐”（《作》第二卷，368）。我们可以把这两种不同的说法加以调和，主张通常意义上的幸福或不幸取决于意志行为，但美学上的幸福则取决于意志行为的中止。

也许有人会认为，这就足以给审美体验赋予叔本华希望赋予的价值。然而，他对“审美态度”理论的看法却非比寻常，他要将无意志的沉思状态同获取最客观的那种知识联系起来。对他而言，没有主观欲望和目的的体验对世界的歪曲程度最轻，因此他可以认为审美体验之所以重要，不仅在于这种体验逃避个人自身意志的镇静作用，还因为唯有它能呈现事物永恒的面貌。换句话说，审美体验具有很高的认知价值，而不仅仅是进入到某种心理状态所产生的使人充实的作用或治疗作用。

客观性与天才

主体通常会体验位于时空中的物质客体、客体之间的因果联系，以及在动机影响下出现的意志的身体活动。但是叔本华相信，我们可以在某些特殊时刻进入到一种不被个体所分割的永恒现实。在个体事物和个体事件范围之外存在一种理念，“理念没有复数，也不会改变”：“理念表现自身的个体不可胜数，它们不断地出现，不断地消失，而理念却始终唯一不变，充足理由律也对它毫无意义。”（《作》第一卷，169）

叔本华在他第三本书开篇就论述了柏拉图的理念以及它们与物自体之间的联系。他的观点可以归结为，艺术家，以及所有从事审美体验工作的人，都会发现理念的永恒现实，尽管这种发现转瞬即逝。因此，他应该首先向我们说明这个形而上的问题：这些理念到底是什么？他把它们称作物自体“最充分的客观现实”。这听起来有点模糊，但事实上却是一个很简单的概念。物自体不可知，但是一个可知的客体以最低限度的主观歪曲将现实呈现给主体，那就是物自体的“充分客观性”。叔本华是这样解释的：

> 柏拉图理念必然是客体，可知的对象，一种表象，正是在

这一点上，也只有在这点上，它有别于物自体。它仅仅将现象的附属形式抛在一旁，而我们认为这些形式属于充足理由律；或者它还没有进入这些附属形式。但它却保留下了最初的、最普遍的形式，即一般意义上的表象形式，作为主体的客体的形式……因此，它自身就是意志或物自体的最**充分的客观性**；事实上它甚至就是物自体的全部，只不过具有表象的形式而已。这正是柏拉图和康德极为一致的基础所在，尽管严格意义上他们所说的并不是一回事。(《作》第一卷，175)

这显然有点牵强，因为理念似乎必须既用作物自体，又用作表象，而这两者一开始就应该是互不相容的两个范畴。而且，虽然叔本华认识到将康德和柏拉图对等起来“在严格意义上”是错误的，但他仍然说出这句极其含糊的话：“两人学说的内在含义完全相同。”(《作》第一卷，172）一些评论家认为理念的说法是不恰当的、草率的事后补充。然而，这种评价并不完全公平，因为叔本华的理念说早在其理论系统形成之初就已出现，他在第二卷中论述自然中意志的客观化时就曾提到。我们应该坚持这样一种观点：自然不仅包含各种各样的个体事物和事件，同样也包含它们所属的、不变的单一事物和事件。自然界不仅有很多匹马，还有**马**这个物种；不仅有水池和喷泉，还有可重复的水分子H_2O结构；不仅有很多在不同时间、不同地点落到地面的物体，还有无处不在的地心引力。叔本华把后者看作永恒的理念，把我们对它们的理解看作世界上我们所能获得的最客观的知识。叔本华同柏拉图一样，认为理念存在于现实中，不依赖主体。它们不是概念。概念是我们为了把握一般现实而完成的精神构建；而理念是有待我们发现的自然的组成部分。在叔本华看来，理念甚至不能靠概念思考来发现，只能靠感知和想象。

那理念本身的意识会是什么样的呢？叔本华的回答令人瞩目。一旦我们放弃充分理由律的指导，

> 我们考虑事物时就不再问在何处、在何时、为何、去何方，单单只问**是什么**……（我们）让整个意识充满对真实存在的自然物体的冷静沉思，不管是一道风景，一棵树，一块石头，一片岩石，一栋建筑，还是任何其他的什么……而人还是仅仅作为纯粹的主体存在，作为客体的镜子而存在，就好像只有物体存在，没有人去感知它，于是我们也不能再把感知者和感知分开……这样认知的不再是个体事物本身，而是**理念**……同时，涉及这种感知的人不再是一个个体，因为在感知中个体已忘记了自身；他成了**纯粹的**、无意志的、无痛苦的、永恒的**认知主体**。（《作》第一卷，178—179）

叔本华继续说道："一下子"，这个特定的事物"成了它那个种类的理念"，感知个体"成了**纯粹的认知主体**"（《作》第一卷，179）。叔本华肯定是想说，我把这个特定事物看作一个普遍理念的化身，暂时失去了个体自我意识。他认为只要人还意识到自己作为个体区别于所思考的客体，就不可能认知理念［"只有当我

们不再意识到自己属于这个世界，我们才能纯客观地理解这个世界”（《作》第二卷，368）］——反之，一旦人的沉思将人转变为现实的“纯粹的镜子”，他就不可能不认知理念。

尽管叔本华清楚地知道自然美（看看树、石块、岩石等例子）通常会引发审美体验，但他最关注的还是艺术。就他的时代而言他很正统，因为他相信创造艺术需要天才，而天才必须与一般的才气区别开来。但是他的确对天才进行了解释。他写道，天才就是“认知能力获得了远远超出**服务意志**所需的极大的拓展”（《作》第二卷，377）。具有天才的人智性占三分之二，意志占三分之一，而“普通人”则相反。这并不是说天才缺乏意志——比如这样的人通常感情强烈，而是说他们的智性能更大程度地摆脱意志的影响，具有自主发挥作用的能力。

> **天才的才能**就在于具有最完全的**客观性**……能够保持在纯粹感知的状态中，在感知中忘记自我，将原本仅为服务意志而存在的知识清除掉。换句话说，天才就是能够完全不看个人偏好、个人意志行为和个人目的，并因此暂时完全抛开自身个性，从而始终做**纯粹的认知主体**，世界的明眼；并且，这也不只是短暂的，而是具有必要的延续性，经过有意识的思考，可以使我们能够通过审慎的艺术重复我们理解的事物。（《作》第一卷，185—186）

天才代表某个非人格化的事物，这在叔本华使用“世界的明眼”这一比喻时就有所暗示。天才不只是一个个体，“同时也是属于整个人类的一个纯粹的智性”（《作》第二卷，390）。天才放弃了在这个特殊个体中体现自我的意志，让智性脱离意志自由飞翔，它具有“从特殊中看出普遍”（《作》第二卷，379）的非凡才能。这是一种强化了的**感知能力**，这一点很重要。一个伟大的画家或雕刻家观察事物时总是更加深刻，更加细致，并且具备更强的能力将所看到的保留下来或进行再创造。但是仅仅感知自己身边的东西还不够，“为了愉快地完成、安置、放大、修复、保留和重复生活中一切有意义的画面，还需要**想象力**”（《作》第二卷，379）。因此，无论在哪种艺术形式中，天才都会胜过实际经验：一件伟大的艺术作品，如果它描绘的画面是经过提升的，就会更好地反映现实，与普通经验本身相比，包含的意义会更清晰、更明确。

天才真正的特长在于富有想象力的感知，而不是概念性的思考。相比之下，按照某种命题制造出来或是建立在完全理性设计上的艺术是没有生气的，毫无趣味可言。举个例子，当图片艺术变成一种象征性的寓言形式，只能通过用一个代码来辨认图像才能理解，那它在叔本华看来（《作》第一卷，239）就不是真正的艺术了。再举个例子，有些“模仿者”或“风格家”，看到某个程式在其他作品中运用成功，就亦步亦趋地制造。其结果让人不快：事先的刻意总能让人察觉，他们精心合成的那些组成要素总能“被人从混合物中挑出来，分离出来”。概念，“尽管在生活中很实用，在科学中很适用、有必要、富有成效，但在艺术上却永远是贫乏的，无效的”（《作》第一卷，235）。

天才人物很稀少，因为他们在一定意义上说是不正常的。对绝大部分人而言，运用智性是为了实现个人目标，叔本华的理论就是这么预言的。智性是意志的工具，并非“旨在”进行无目的的想象工作以把握并传承永恒理念。同样，有天才的人总被看成是怪物。天才具有高度的想象力，总是游离于事物的直接联系之外，因而有点类似于疯狂。天才不会去迎合他们那个时代和地域的期望，跟仅仅是有点才能的人不同，有才的人你要他做什么，他就做什么，因而为大家所羡慕（《作》第二卷，390）。天才还总是做一些不切实际的事情，因为在很大程度上他的智性独立于追求目的的意志而起作用。（我之所以用“他的”，是因为叔本华并不认可女性天才，尽管智性据说是从女性那里遗传下来的。区别大概在于女性的感知能力总是停留在表面，永远上升不到“普遍性”。）

艺术与艺术的价值

叔本华对艺术有极其深刻而丰富的认识，因而受到美学史家们的尊敬。虽然他只提出了一个美学欣赏理论，即对理念的无意志沉思，但他会欣赏多种不同形式的艺术，从建筑到不同风格的绘画，到诗歌、戏剧，最后到音乐，他认为音乐有别于其他艺术形式。他的美学并不是毫无弹性的、形而上学的铁板一块，它的核心有着鲜活的优雅和敏感。

在讨论各种艺术之前，叔本华对他的理论进行了大量的限定。他提出，每当我们经历一次审美体验，都会同时出现意志行为的主观中止和对理念王国的客观洞察。然而，他现在又承认，一个审美体验的特定对象的价值可能存在于其中任何一种情形，跟另一种几乎全然无关：

> （现实生活中的或通过艺术媒介的）美学沉思，不管是涉及无机物和植物王国中的自然美，还是涉及建筑作品，都会以纯粹的、无意志的认知享受为主导，因为这里被理解的理念只是处于意志客观化的低层次，因而不是具有深刻意义和启发性内涵的现象。另一方面，如果动物和人类是美学沉思或美学表现的对象，那美的享受则存在于对这些理念的客观理解。（《作》第一卷，212）

换句话说，审美体验的认知输入通常可能很低。这让我们不禁想到，叔本华美学中唯一统一的因素就是其令人愉悦的无意志沉思的说法，甚至我们会想，他的美学并不统一。但是，他认识到艺术既是对生活压力的释放，又是一种强化的知识形式，这一点却令人信服。

所有理念构成了一个意志客观化程度从高到低的等级。最底层是无所不在的自然力，最顶层是人类的理念。建筑这种艺术形式处理的是关于固体物质行为的最底层理念，如重力、内聚力、刚性和硬度（《作》第一卷，214）。建筑物也必须实用，因此它们成为纯艺术的可能性是（或应当是）有限的。作为艺术的建筑的真正核心就是重力与刚性之间的矛盾。一栋好的建筑物其任何一部分都在向观察者展示这个矛盾，因而它是必要的，不是任意的：仅具有装饰性的因素属于雕塑，不属于建筑本身。同时，建筑用的是什么材料也很重要。一座大厦如果发现是由木材或浮石建造的，那就是弄虚作假，因为用没有石头那么牢固的材料建房将不适宜体现重力和刚性的理念。我们必须能在感知中体会到砖块正奋力落向地面，而砖块的刚性又奋力阻止这种下落。除此以外什么都无关紧要——仅具外形美并非特殊的建筑特征。其他唯一一个为叔本华所认可的建筑因素是光线。建筑物的光线能更清楚地显现其基本结构，而这个结构，通过拦截和反射光线，“会以最纯粹、最清晰的方式展现出（光的）本性和特征，给观看者带来极大的快乐”（《作》第一卷，216）。与建筑类似的是对“水的艺术处理”（《作》第一卷，217），但这门艺术不够发达，原因很简单，它不像建房那么实用。如果说建筑能体现刚性和内聚力的理念，那么建造喷泉、瀑布和湖泊则体现了流动性、活动性和透明性的理念。

园艺和景观设计是植物领域相似的两门艺术，尽管叔本华觉得这里更多的是大自然而非艺术在起作用。只有在画中描绘植物才能产生艺术。我们以一种审美的态度欣赏一幅全部以植物或非动物为主题的风景画时，“审美愉悦的主观方面占主导”，这种愉悦仅仅停留在纯粹的、无意志的认知中，而不是对理念的理解中（《作》第一卷，218）。但当绘画和雕刻的主题是动物，甚至是人类的时候，它们就会更关注对理念的客观描述。叔本华认为，直接面对一个人或动物与面对一件艺术作品两者没有太大区别——但有一点，天才的才能让艺术带给我们比自然所实际赋予的更伟大的美的典范：天才“将形式美印刻在坚硬的大理石上——这一点大自然经过千百次尝试也未能做到，然后，他把大理石放在她面前，好像在感叹说：‘这就是你想要说的吧！’”（《作》第一卷，222）。

对于描绘出来的动物——对于动物本身亦然——最美的个体是最具该种类特征的个体（《作》第一卷，220）——例如狮子，我们最能从狮子身上看出**狮子**所体现的普遍理念。这里，我们享受的不是无意志沉思带来的安宁，更多的则是逐步认识了在绘画或雕塑中看到的动物：“我们陷于被描绘出来的意志的不安和躁动之中。”（《作》第一卷，219）对于人类也是如此，最美的个体是最具人类特性的个体。但还要考虑个人的性格和表情：一幅画像必须体现人类的普遍理念，同时也必须传达模特儿的特殊性格。这岂不有悖于叔本华所持的艺术就是表达理念的观点？一件艺术品的魅力不应该是表达一种具有特殊性甚至任意性的东西吗？叔本华试图维护他理论的统一性，他主张：“每个人都在一定程度上展现一种理念，这种理念完全体现了这个人的特征。”（《作》第一卷，224）但是如果理解一种理念并不等同于理解一个永恒的、普遍的、对许多个体具有潜在共同性的东西，那我们该如何理解理念这个概念也必定不甚了了。

很多绘画作品描绘的场景或是出自历史，或是出自某个特别的神话或《圣经》故事。但同样，叔本华强调说，这些画作的艺术价值在于它们在多大程度上表达了人类具有普遍性的东西。具体的历史环境无关紧要："无论是部长们对着地图争论国家、民族大事，还是啤酒店里一群粗人为打牌、掷骰子拌嘴，都不影响画作的内在意义。"（《作》第一卷，231）叔本华喜欢拿艺术和历史对比。他态度很专横，经常找机会跟黑格尔的历史观唱反调。在他看来，人类的本质核心总是不变的，不会因为地域的变化或时间的变迁而改变。由此，他提出了一个令人震惊的说法："各个民族的历史篇章实际上只是名称和日期有区别；真正本质性的内容任何地方都是一样。"（《作》第二卷，442）他主张，历史不过是配合事实反映人类不断变化的表面，永远不会超出这个范围。与之相对的话语形式是诗歌："尽管听起来会有点矛盾，但更真实的、更纯粹的、更内在的真理只能求诸诗歌，不能求诸历史。"（《作》第一卷，245）而"真正的内在真理"应该是不变事物的真理，也就是人类的理念。

诗歌作为一种艺术形式，能够表达世界上任何事物的理念，它在描绘人类的各种性格和行为时占有至高无上的地位。同样，叔本华还很小心地将概念（由主体形成的抽象表象）与理念（能够在直接体验中获得，是自然本身结构的一部分）区别开来。诗人的任务便是运用诗歌同其他语言实际共有的概念手段，以达到向读者心灵揭示理念的独特目的。正是这一点使诗歌成为语言的一种艺术运用，成为天才的领地——因为作家除非首先有足够的客观性来感知理念，否则他或她就不可能清楚地把理念描述给读者。诗歌可被称为"通过词语发挥想象力的艺术"（《作》第二卷,424)。它同视觉艺术的区别不仅在于对语言的使用,更在于它对接受者的想象力有很高的要求。叔本华还对不同种类、不同风格的诗歌,如抒情诗、叙事诗、悲剧诗、浪漫诗以及(他最喜欢的)古典诗讲过很多有意思的话。有时候,诗人在自己身上发现了人类理念的材料,结果就创造出抒情诗。处在与之相反的另一端的是戏剧;在戏剧中,作家用客观的眼光描述人类。

叔本华特别关注悲剧,认为悲剧是"诗歌艺术的顶峰"(《作》第一卷,252)。虽然并不是他一个人认为悲剧是最高的艺术形式,但他认为悲剧特别重要,因为唯有悲剧能够描绘出最真实人类生活的画面,包括恰到好处地表现得不到满足的欲望、冲突以及十足的痛苦:"意志和它自己的对抗在这里以最高度的客观性得以最完全地展现出来。"(《作》第一卷,253)但是看到人类理念以可怖的真相揭示出来还不是最终的结果。叔本华要求我们还能理解人类最终的成就(他之后还会论证),即放弃自我,对抗生命意志:"我们在悲剧中看到最高尚的人们,在经历长期的矛盾和痛苦之后,最终永远地抛弃了生活的一切乐趣和一直以来热切追求的目标,或者高兴地自愿放弃了生活本身。"(《作》第一卷,253)

看到悲剧中描绘的痛苦和放弃,我们自己在某种程度上也通过痛苦学到一些东西。最好的悲剧在叔本华看来(当然很多著名的悲剧都被排除在外)应该是这样的:主人公没有犯任何特别严重的错误,一场灾难却突然降临在他几乎很普通的生活中。这种悲剧"向我们展示了摧毁幸福和生命的强大力量,而且发生在主人公身上的悲剧也可能随时降临在我们头上……于是，一阵战栗中，我们感觉自己已身在地狱了”(《作》第一卷，255)。那么，在这种恐惧中，在这种意志的不安中是否还存在纯粹的审美愉悦呢？叔本华的回答令人不禁想起康德对崇高的看法。康德认为，从目前安全的有利角度思考某件具有潜在破坏性的事，会让人产生一种愉快的高尚感。然而，叔本华对此提出了自己的理解。他说，我们为悲剧中描绘的痛苦和悲惨战栗之后，获得的是一种放弃所有意志行为的安详，这种安详在人生所能达到的最高地带向我们召唤。“赋予一切悲剧事件以崇高的特征倾向的是人们开始醒悟，原来世界和生活不能给予我们真正的满足，因此不值得我们留恋。”(《作》第二卷，433—434)

音　乐

叔本华关于音乐的哲学理论是与他的其他艺术理论分开的，并在音乐界和美学界具有某种独特的生命力。他的音乐理论依然是音乐能够表达情感这类理论中最引人注意的一种，即便像所有尝试解释这一现象的理论一样，他的理论最终也不能令人信服。叔本华认为音乐是“意志本身的复制品”(《作》第一卷，257)。其他所有艺术形式展现给我们的理念是可体验到的意志的表现，而音乐则越过这些理念，“它是整个**意志**的**直接**客体化和复制品，就像世界本身一样”。意志同时体现为包含具体现象的整个世界和这些现象所属的普遍种类；它还重新将自己表现为音乐。叔本华的观点分为两部分：一是试图从我们熟悉的、自身的感情和奋斗状态来解释音乐的意义，一是对自然中的大量现象和音乐包含的不同因素进行大规模的类比。

下面就是叔本华关于音乐和有意识奋斗的观点：

> 人的本质在于他的意志会奋斗，得到满足，然后又重新奋斗，如此循环往复；事实上人的幸福和快乐只存在于从欲望的产生转变为欲望的满足，再从满足转变为新的欲望的产生……因此，与之相对应，乐曲的本质就是以千种方式不断地对基调的偏离和变异……乐曲可以表达很多不同形式的意志的努力，还有最终再次发现一个和谐的间歇以及进一步发现基调而感到的满足。(《作》第一卷，260)

叔本华认为，我们如果将音调随着时间的变化进程同自己内在的奋斗进程进行类比的话，马上就能理解这是怎么回事了。他举了很多例子，请看下面这些：

> 就像从期望到满足，再到新的期望，这中间的迅速过渡给人带来快乐和幸福一样，没有很大变异的快速乐曲会给人欢快的感觉。缓慢的乐曲因奏响令人痛苦的不谐的音调，并只是通过很多小节绕回到主音上，因而听起来很忧伤，仿佛人们的愿望迟迟得不到满足，经过千辛万苦才得以满足……**柔板**讲述的是一次伟大而高尚的奋斗中的痛苦，这种奋斗蔑视一切微不足道的快乐。(《作》第一卷，260—261)

> 在这里**延留音**的效果同样值得考虑。这是一种延缓最终协和音的不协和音，人们必然会等待最终协和音的出现；这样对协和音的渴望就增强了，它的出现就带来更大的满足感。这显然就好比是意志的满足经过拖延变得更加强烈。(《作》第二卷，455—456)

很多人会发现这些理念在瓦格纳《特里斯坦与伊索尔德》的创作中反映得尤为明显。

有一种很流行的偏见，认为音乐表达的是作曲家或演奏家的情感。这显然不是叔本华的看法。音乐在他看来具有特殊功能，可以表达一种可称为非个人情感的东西：

> 音乐不是表达这种或那种具体的、确定的愉悦，这种或那种悲痛、痛苦、哀伤、恐惧、狂欢、欢乐或是心境的平和，而是欢乐、痛苦、哀伤、恐惧、狂欢、欢乐、心境的平和**本身**，从某种程度上说，以抽象的方式，表达它们根本的本质，不带任何附属物，对它们也不存在什么动机。(《作》第一卷，261)

如果一个人在生活中经历了某种特别的快乐或悲伤，通常在这情感背后会有某种“动机”的推动或者某种表象的存在。情感往往与某个东西有关。但叔本华提出，我们可以直接地、无须任何概念就在音乐中把握欢乐感或悲伤感的基本形式，或者不妨

图9 美因河畔法兰克福叔本华档案馆收藏的叔本华的长笛及其他物品

说是没有内容的形式——没有任何关于这种情感是什么的表象。因此听者能感受到的仅仅是意志的消长，奋斗与满足的更迭，他们的生活就是如此，不含任何欲念，体验不到他们自己的情感，因而也不会体味到痛苦。这种说法很吸引人，但是我们可能要问，这真的能抓住情感的本质特征，还是仅仅解释了听者应该如何去理解情感。

叔本华关于音乐还有一个核心思想，即世界上意志表达的范围有多大，音乐所及的范围就有多大。低音就像是意志客体化的最底层次——“无机的自然，整个行星”（《作》第一卷，258）。高音则相当于“意志客体化的最高层次——有智性的生命和人的努力”（《作》第一卷，259）。而处于两者之间的所有部分，以及它们之间的间隙，便是意志从无机世界到植物王国再到动物王国的不同体现。因此，音乐不仅是有意识的人类奋斗的一种体现，同时也是丰富多彩的意志的复写，因此是整个现象世界的重现。这种说法虽然奇异，却相当美妙。不管叔本华的音乐观点是否真正被认同，我们都可以理解它为何常常能吸引很多音乐家。还没有其他哲学家把音乐放在如此重要的位置，而用纯言语的形式唤起音乐带给人的愉悦，这种办不到的事他几乎办到了，能超过他的寥寥无几。

第七章

伦理学：正确看待世界

反对康德的伦理学

在叔本华看来，伦理学与美学这两个领域有着相似性：规定性法则以及一般的概念性思想都不是本质的东西：

> 美德跟天才一样几乎是不可教的；事实上，概念对于它如同对于艺术一样是无效的，都只能用作工具。因此，如果我们指望我们的道德体系和伦理学能够创造出有德行的、高尚的和神圣的人，这个与指望我们的美学能够产生出诗人、画家和音乐家一样，都是愚蠢的想法。(《作》第一卷，271)

这意味着人们要么具备本能的伦理洞察力，要么不具备这种能力；我们知道叔本华认为一个人的基本性格是无法改变的。既然如此，道德规范就仅在引导和约束人们的行为方面有用：你可以训导一个自私自利的人，以减少他或她的行为的灾难性后果，却不能把他或她变成一个好人。由于叔本华秉持这种观点，他的哲学伦理学本身就不会是规定性的。这样的伦理学也不会试图争辩道德律是否具有普遍约束力，或考虑人们为何必须服从它们，也根本不会提出有关“道德律”的理论。

叔本华的伦理学理论与他的知识理论或美学一样，并非完全处于康德的阴影之下，但阴影却始终存在。康德的伦理学是关于义务的伦理学，它试图为具有完美理性的个体制定一套必须服从的行为准则。与之相反，叔本华的伦理学是关于同情的伦理学。它试图用个体在对待彼此的态度以及对待整个世界的态度上的分歧来解释善与恶的区别。对叔本华而言，道德无关义务或“应该”；也不能建立在理性基础上。用维特根斯坦晚期的话来说，它是有关“正确看待世界”的问题。但是为了证明这种观点，叔本华首先必须和康德进行一番较详细的辩论。

在《论道德的基础》一文中，叔本华对康德伦理学作了简明而雄辩的讨论，提出了许多异议，主要的一条是康德关于“你应该”的行为准则是一个伪装下的神学概念。康德在这里所使用的语言具有《圣经》的意味，对无神论者叔本华来说，绝对命令本身要么偷偷利用了可以发号施令的绝对存在物这个假设，要么毫无根据。当康德后来试图说明伦理学为何需要引入上帝的概念时，叔本华想起了一个魔术师，他从帽子里变出一样他早就藏在里面的东西，却让我们大为惊讶（《论道德的基础》，57）。另一方面，如果没有上帝，我们首先就不应该轻信绝对的、普遍的行为准则这个概念。

康德的行为准则所针对的究竟是谁呢？不是人本身，而是“一切有理性的生物”。叔本华又严厉批评道：

> 我们知道**理智**是人类特有的属性，且绝无权利认为它存在于人类之外，无权建立一个与其唯一物种“人”相异的、名为“理性存在物”的**属**。我们更无理由为这些想象的**理性存在物抽象地**制定法则……我们不禁要怀疑，康德为了说服读者，在此想到了那些可爱的小天使，或至少寄望于他们的存在。(《论道德的基础》,63—64)

康德的道德律令只能抽象地施于理性存在物，因为他的伦理学原本就是非经验的，且完全基于先验的原则，即可先于经验获知的原则。但在叔本华看来，这一点本身应该受到质疑。实用道德——决策和判断——与占据经验世界的人类个体的实际行为有关。这也应该成为叔本华称之为“道德”的理论探讨的焦点。他指责康德的道德准则相比之下是徒有形式，故没有任何“真正的实质内容”(《论道德的基础》,76)。

那么像康德那样诉诸理性又如何呢？叔本华指出，理性的行为并不一定就是道德上的善行：“事实上，合理的与邪恶的彼此相当协调，只有通过二者的结合才能产生重大而影响深远的犯罪。”(《论道德的基础》,83) 换言之，如果一个人是邪恶的，那么理性将不会使他**少一分**邪恶；理性反而可能使他变成一个比脑子混乱的邪恶者效率更高、更加危险的恶魔。理智是工具性的，与人们为达成某一目的而采取的手段有关。因此，一条律令将驱使一个理性存在物采取行动，只要他或她有某种利益或目的可图。既然人这一存在物是物质的、奋斗的个体，表现出生命的意志，那么他

Die

beiden Grundprobleme

der

behandelt

in zwei akademischen Preisschriften

von

Dr. Arthur Schopenhauer,

Mitglied der Königl. Norwegischen Societät der Wissenschaften.

I. **Ueber die Freiheit des menschlichen Willens,** gekrönt von der Königl. Norwegischen Societät der Wissenschaften, zu Drontheim, am 26. Januar 1839.

II. **Ueber das Fundament der Moral, nicht** gekrönt von der K. Dänischen Societät der Wissenschaften, zu Kopenhagen, den 30. Januar 1840.

Frankfurt am Main,

Joh. Christ. Hermannsche Buchhandlung.

F. E. Suchsland.

1841.

图10 《伦理学的两个基本问题》书名页

们的目的就倾向于自私自利。利己主义是兑现任何正式律令所需的"出纳员"(《论道德的谱系》,89):在某个具体情形下理性地驱使我采取行动的将是能否实现**我的**个人目的的考虑。

最后还有一个批评也许值得一提。叔本华被康德有关"人的尊严"的观点——我们所谓的"无条件的无与伦比的价值"——以及人类必须被当作"目的本身"来对待的观点所触怒。他如此反应的理由之一是,只有当事物满足了意志的某个具体愿望时,它才可能成为"价值"或"目的"。故"无条件的价值"和"目的本身"是被掩饰的矛盾。更重要的是,叔本华认为这种以牺牲其他动物为代价来提升人类价值的做法"令人作呕和憎恶"。其他物种仅仅因为缺乏理智而被认为不具备这种尊严,不能成为自身目的;但其后果是,在哲学道德上,动物

> 仅仅是"物",仅仅是用来实现任何目的的**手段**。因而它们可以用来做活体解剖、狩猎、追踪、斗牛和赛马,当它们拖着一车车沉重的石头艰难前行时还可能被鞭挞而死。这种道德是可耻的……它无视每个生物所蕴藏的永恒本质,这种本质透过所有看得见太阳的眼睛放射出不可思议的灵光!(《论道德的基础》,96)

叔本华的这些话仿佛出自我们当代人之口。同时,他对附加给人类或理性的特殊价值缺乏信心是其悲观主义的一个重要因素。我们将看到,身为人类的一分子本身既不是一件尊贵的事,

也不是纯粹美好的事。

自由与决定论

叔本华相信，人的行为是在固定的个性与出现在意识中的动机合力作用下产生的。正是在此基础上，他声称一切行为都是注定的，而且从一个重要的意义上说，自由意志是不存在的。但是他对此问题的讨论，特别是在《论意志的自由》一文中的集中论述，具有相当的微妙性。除了为决定论辩护，他还对“自由”的不同含义作了一个重要的区分，最后他提出这样的观点：决定论的真实性并没有减少人们对自身行为的责任感——对此他明智地表示仍需要给出解释。

叔本华揭露了一个往往被忽视的问题：意志自由与行动自由之间的区别。行动自由是人们想要做某事而去做它的能力，这种自由可以通过外部阻力、限制性因素、法律或可能导致各种后果的预兆，或者通过损害主体的认知功能来予以剥夺。比如，坐牢、被武力胁迫或遭受脑部损伤都是可能妨碍人们去做他们想要做之事的原因。由此，叔本华列出了行动自由的三种类别：身体自由、道德自由和思想自由。可是，更深层的问题在于，我是否有**想要**采取这样或那样行动的自由。叔本华得出的答案直截了当，令人钦佩，它源自对仅有的两个证据的考察：我们对自身的意识和对自身以外的事物的意识。

我们对自身的意识无法告诉我们除了已经发生的意志行为，我们原本是否还有其他的可能性。在自我意识中，通过意识到我们的行动本身以及导致该行动的动机，我们明白我们在做自己想要做的事情。但我一旦选择了某一个行动方案，比如去法兰克福，我能否说我当初**本可以**同样选择去曼海姆呢？问题在于：

> 每个人的自我意识非常清楚地断言他能够做他意欲做的事情。但既然我们能够想象他发出完全相反的行为意愿，那么就可以推断如果他发出此意愿，则他也可以**做**相反的行为。外行人将此与人们在特定情形下亦能**发出**相反**意愿**的观点混为一谈，并称之为意志自由……但人们在特定情形下能否既**发出**此**意愿**又**发出**彼**意愿**……对这个问题需要作更深入的考察，不是仅凭自我意识就能决定的。(《论意志的自由》,23)

问题不在于一个人能否想要或希望作出两个相反行动中的每一个，而是人们能否有此意愿——对叔本华而言，(倘无阻碍)发出意愿就是行动。我去了法兰克福，而且我很清楚假如当初我的意愿是去曼海姆，那么我是能够这么做的。问题是：它当初可能成为我的意愿吗？叔本华的明智回答是，通过审视我对自己行为与动机的了解，我无法得出确定的答案。

在另一方面，如果人们考虑外部世界与发出意愿的主体之间的因果关系，人们注定会以处理任何其他因果关系的方式来处理这一情况。我不能唯独把自己看作不受充足理由律支配的世界一分子；所以，假如导致我去法兰克福的情势被原原本本地重复，它只会导致我去法兰克福。尽管这其中的部分原因是一个理性思考的过程，但对结果没有影响。叔本华认为，如果我的性格和动机——我对现实的表征——保持不变，那么我就不可能发出别的意愿。在此意义上，没有自由意志。我们以为我们拥有自由意志，但我们所拥有的只是实施我们意愿的自由，二者很容易被混淆。

这一论证已经颇有说服力，但叔本华还有更绝妙的论证方式，体现了他作为一个哲学作家的独特技巧。他说，设想一个人晚上六点站在街头，沉思下面的问题："一天的工作结束了。我现在可以去散步，或去俱乐部；我也可以爬到塔上去观赏日落"——等等——"我还可以跑出大门，进入广阔的世界，一去不返。这一切均严格地取决于我，对此我有完全的自由。可是这些事情我现在一件都不想做，以同样自由的意志我决定回家和妻子团聚。"叔本华有何评论呢？

> 这恰似水对自己说："我可以制造波浪（是的！在遭遇风暴的大海中），我可以冲下山坡（是的！在河床里）。"我可以往下俯冲、冒泡、喷涌（是的！在瀑布中），我可以变成一股水柱自由地升腾（是的！在喷泉中），最后，我还可以沸腾而蒸发（是的！在一定的温度下）；但这些事情我现在一件也没做，而是自愿地做清澈如镜的池塘中一汪安静而清澈的水。（《论意志的自由》，43）

然而，在陈述了决定论的理由之后，叔本华保留其"更高视角”的权利。“因为意识的另一个方面我至今还完全没有涉及，”他说，“这就是对我们所作所为的**责任感**，对我们的行为有所交代的感觉；这种感觉明白无误、确定无疑，它基于我们自己是我们行为的实施者这一不可动摇的确定性之上。”（《论意志的自由》，93—94）正如一些哲学家最近所言，决定论的真实性并没有消除这种“确定感”，即我们对自己的行为负有责任，这些行为在某种意义上“取决于我们”。

叔本华现在转向康德伦理学中的一个区别，即一个人的经验性格与其智思性格之间的区别，“这个伟大的思想家或人类有史以来所提出的最美丽而深刻的观念之一”（《论意志的自由》，96）。这是我们一直讨论的表象与物自体之间的核心区别的另一方面。

> 经验性格，比如完整的人，只是作为经验客体的一个表象，因而注定表现为一切表象所具有的形式——时间，空间和因果关系——并受其规律支配。另一方面，这一切表象的条件和基础……是他的智思性格，即他作为物自体的意志。自由，甚至可以肯定地说绝对自由，即不受因果律支配（仅作为表象的一种形式）的自由，正是属于这种性质的意志。（《论意志的自由》，97）

其基本观点相当简单：如果我作为经验现实的一部分无法逃脱因果必然性，那么我的一个超越经验现实的方面则可以逃脱。

叔本华指出，当我们追究某人的责任时，我们责备他或她的性格，或他或她的**本性**，其行为仅被用作证据。他暗示我必须为我的本性负责——该本性即表象背后的智思性格，我的一切行为的源头。自由并没有被消灭，而是被从经验王国抽离了。

这里叔本华面临一些严重的问题。一个是，以他自己的观点，我的性格是天生的、不变的。那么在何种意义上我能为我的本性负责呢？另一个问题是**我**似乎从自在世界消失了。物自体并非分裂为个体——这是贯穿叔本华全部哲学的一个至关重要的论断。"作为物自体的**我的**意志"，我的智思性格，不应与完整的世界分离；因此很难理解我如何能为"我的自在本性"负责。叔本华说，我们的确认为一个人应对其行为负责，无论他在事件的因果链中处于什么位置，我们都把这个人看作行为的真正起因。这些话没有错，但是，尽管叔本华的解决方案或许是对自由意志问题的一个敏锐审察，该方案并不真正令人信服。

自私与怜悯

那么在叔本华看来，道德的真正基础是什么？可以分三个阶段来解答。一个与他所声称的一切道德行为所符合的单一原则有关，即"不伤害人；相反，尽可能多地帮助每个人"（他是用拉丁文表达的）。解答的第二个阶段是尝试解释能够激励人们实施道德行为的基本心理态度，即怜悯或同情。然而，道德的基础直到第三个阶段才能最终揭示，此时我们看到关于怜悯心何以成为可能而且合理的一个形而上的论述。

“不害人”原则可以分解为两个部分:“不伤害他人”和“尽可能多地帮助每个人”。叔本华把符合第一部分的行为称为自愿公正的例子，而符合第二部分的行为则属于无私心的慈善之举，或对其他人类的“慈爱”[也可能包括动物:沿袭其早先对康德的指责，叔本华援引了我们对动物**的确**有同情心的事实(《论道德的基础》，175—178)]。除了纯粹公正或慈善之举，没有什么行为可以算得上具有真正的道德价值(《论道德的基础》，138—139)。叔本华认定的一个前提是:这样的行为，无论多么罕见和令人惊讶，均被承认确有其事，且被普遍视为是善的。此类事例不胜枚举:从战斗中的自我牺牲到归还本可据为己有而无严重后果的失物，或明知无利可图而去救济乞丐。公正和慈善均源于怜悯，后者要么表现为对改善他人福祉的纯粹关心，或表现为对他人苦难的纯粹悲伤。

在叔本华看来，每一个人在其性格中都有一些怜悯心的成分(《论道德的基础》，192)，但是我们天生的怜悯心在比例上却有很大的差异。有的人大慈大悲，有的人却几乎毫无怜悯之心。叔本华认为只有发自怜悯心的行为才具有道德价值，且我们是从本性上判断一个人的善恶，仅以其行为作为证据。如果在这些问题上我们都顺从他的观点，我们将不得不承认有些人比其他人善得多，而有的人虽然偶尔也许会有发自怜悯心之举，却是不善的。无论这是否成为一个难题，与另一个难题相比，它都显得不那么重要了:如何用他的观点解释怜悯心产生的缘由，以及它如何能够激发人们实施善举。

如果每个人的心理结构中都有一部分怜悯的成分，那么余下的还有什么？叔本华的全部解答如下：

> 人的三种基本的伦理动机——自私、恶意和怜悯在每个人身上以不同的、大相径庭的比例存在。动机将根据这些比例作用于人并导致其行为。（《论道德的基础》，192）

叔本华用一个简洁明了的解释来帮助我们理解这三种动机。怜悯是寻求他人福祉（或减轻其痛苦）的动机。恶意是寻求他人痛苦的动机；自私是寻求自己福祉的动机。也许我们会问，这个三分法的逻辑是否完全正确：难道恶意事实上不是一种自我满足、一种自私吗？按叔本华的辩解，回答一定是至少有的恶意不是自私的。我们可以归之于残酷的行为很多是出自这样或那样的利己私欲：它于是成了实现自私目的的手段。但叔本华所指的纯粹恶意是与纯粹慈善一样特殊的东西，即堕落的或“恶魔般的”行为，此时的行为实施者不顾自己的福祉，仅仅为了伤害他人（《论道德的基础》，136）——可称之为无私心的恶意。因而自私、恶意和怜悯这个三分法是一个真正的三分法，虽然很多残酷和邪恶的行为并非源自恶意本身。

然而怜悯必须对付的最大对手却是自私的动机，因为构成每个人主体部分的正是自私：“人类和动物的主要和基本动机一样，都是**自私**，即对生存和福祉的渴求。”（《论道德的基础》，131）

每个个体都是一个物质的有机体，里面流淌着生命意志：因此为自己的目的奋斗对每个个体而言是必需的。的确，按照叔本华的理论，它是如此地必需，以至于人们一定会问，怜悯之举从何而来呢？如果行为始终是个体朝着自己某个目的的一种身体上的努力，那么据称是唯一真正的道德动机的怜悯，应该永远不会驱使个体采取行动。自私是“巨大”而“自然的”：

> 每个个体，在一个浩瀚无垠的世界中渺小得几乎为零，却让自己成为世界的中心，把自己的生存与福祉置于高于一切的优先位置。事实上，从自然的角度看，他准备为此牺牲一切；为了让他自己这沧海一粟活得稍长一点点，他愿意毁灭世界。这种倾向就是自私，它对于自然中的一切事物而言都是必不可少的。(《作》第一卷,332)

自私如此高高地“凌驾于世界之上”(《论道德的基础》,132)，以至于如果没有国家机器所代表的法律的制约，则个人将会卷入一场所有人之间的战争(《论道德的基础》,133)。这一切意味着以他人福祉为动机的行为应该不仅少之又少，而且因其与我们的天性相左而不可能。叔本华不得不承认怜悯是伦理学的一个不解之谜。他唯一能说的就是怜悯是一种原始的反自私的特征，它作为纯粹的事实存在于我们身上。但怜悯何以能“居住于人性之中”(《论道德的基础》,149)却是一个深深的谜，因为人是对生命意志的天然自私的表达。

道德的形而上学

然而，叔本华伦理学的最后阶段寻求把怜悯心置于形而上的基础上。怜悯归根结底是一种自我观和现实观，它与自私所隐含的自我观和现实观不同，并高于后者。故叔本华可以说，怜悯是一样好东西，不仅因为它倾向于减少世界上的苦难，还因为它体现了一个更真实的形而上图景。

最初的想法是，只有"当我在某种程度上将自己认同为另一个人，从而暂时消除我与非我之间的障碍"（《论道德的基础》，166）时，我才可能感到怜悯。叔本华严格按字面意义理解"怜悯"或"同情"（德语为Mitleid）的含义：一个人与他人"感同身受"。为自己谋利的想法必须让位于为他人谋利的动机；除非我能够把他人的痛苦和福祉当作我自己的切身关怀，否则就无法解释这种事如何能够发生。只有当我分享你的痛苦，在某种意义上把它当作我自己的痛苦来感受，你的福祉，或减轻你的痛苦，才能成为我的动机。叔本华说，要想有怜悯心，一个人必须"比一般人更少地区分自我和他者"（《论道德的基础》，204）。

但是现在他可以辩称，具有怜悯心的人持有一种不同的形而上观点：

> **坏**人到处都感觉自己和自己之外的一切事物之间有一堵厚厚的隔离墙。世界对他来说是一个**绝对的非我**，他与它的关系本质上是敌对的……另一方面，好人生活在一个与他

自己的真实存在同质的外部世界。对他来说别人不是非我，而是“我的重现”。因此他与每个人的基本关系是友好的；他觉得自己与一切存在物紧密相连，对他们的祸福有着切身关注，并且自信地对他们倾注一样的同情。(《论道德的基础》，211）

何为正确的世界观？表象/物自体的二分法将告诉我们。从受时空这一个性化原则支配的表象世界的观点来看，现实是由不同的个体组成的，任何道德行为实施者都是这种个体。所以认为“每个个体都是一个与其他人极不相同的存在物……其他一切均是非我、异我”(《论道德的基础》，210）的人对表象世界的看法是正确的。但在此之下还有一个作为物自体的世界，它并非分裂为个体，而是**世界本身**——无论其根本性质如何。所以大概更深刻的观点是把个性化视为“纯粹现象”而非归根结底乃现实的一部分。按照这种观点，没有人与世界上任何其他事物有别，所以能“在**他人**身上看到自己，看到他自己的真实的内在本质”(《论道德的基础》，209)。叔本华的印度思想突然凸显出来：世界由不同的个体组成这一观念乃是Mâyâ，“即幻觉、欺骗、幻影、妄想”(《论道德的基础》，209)，而对更深层、更正确、非个性化观点的熟知在梵语中的表达是tat tvam asi：这就是你(《论道德的基础》，210)。

乍看这个观点很极端，以至于把怜悯的可能性彻底排除了。假如我真的相信你与我没有区别，那么我看待你的态度只能是一种奇特的自私。另一方面，真正的怜悯一定是以相信差别这个最低条件作为前提的。一个更形象的反对意见是，假如自在世界没有个体差异，那么它甚至都不会包含**我**：它肯定不包含我这个有血有肉、有意志的人，也不包含我从主观视角所认同的那个有思想的“我”。很难理解，那种认为包括我在内的一切个体都是虚幻的信念怎能支撑我这个个体与我施舍的乞丐之间的怜悯心。

但这个回应也许过于简单化。叔本华所认可的是一种对待世界的可能态度，它不认为作为特殊个体的人的存在具有头等重要性：一种与具体立场相对的“普适立场”(《作》第二卷，599—600)。如要采纳这一立场，人们不必完全抛弃对不同个体的信念。怜悯被认为能够驱使一个人对其他个体作出他作为个体必须实施的行为。可能为这种行为提供基础的是这样一个观念，即虽然个体各不相同，但我这个个体没有什么根本重要性。如果乞丐和我都是同一基本现实的相等的分子，同一生命意志的相等的表现形式，那么从世界整体的视角来看，我的目标是否获得推进、乞丐的目标是否遭到挫败，或者反过来，都无关紧要了。这种思想似乎真正能够为一种怜悯世界观提供基础。在此起作用的不是这样的信念：我不是一个有别于其他现实的个体；而是：虽然我是世界上的一个独特(且天然自私的)事物，但我的视角却不必始终与我这个个体相一致。如叔本华在对审美经验的阐述中所示，我无须接受个性这一天然立场作为我看待事物时必须始终坚持的立场。在下一章我们将会看到，对叔本华而言，个体对其个性的放弃不仅使审美价值和道德价值成为可能，而且是使他或她的存在获得酬报的唯一态度。

第八章

存在和悲观主义

不可消除的苦难

意志从无意识的夜晚醒来，发现自己这个个体置身于一个无边无际的世界，周围还存在无数其他个体，全都在奋斗、受苦、犯错误。仿佛是做了一场噩梦，它匆匆地返回到原来的无意识状态。然而在此之前它的欲望还数不胜数，要求也无穷无尽，每个欲望一旦满足，新的欲望又产生了。世间没有哪种满足感足以平息意志的渴望，可以为意志的需要设定一个终极目标，可以填满意志内心的无底洞。在这一点上，让我们思考一个问题：人在获得任何一种满足的时候通常会出现什么？常常不过是维持本身的存在而已。要生存就必须每天不懈地努力，不断地操心，与苦难和需要作斗争，而人终有一死。生活中的一切都表明，尘世的幸福注定会受到挫败，或者被认为是一种幻觉。这样说，其根据可以到事物本质的深处去寻找。(《作》第二卷，573)

《作为意志和表象的世界》第四卷是该书的最后乐章，气氛严肃。叔本华的风格是与更为严肃的讨论相匹配的（《作》第一卷，271）。这种讨论跟我们已经谈到的伦理话题一道，关注的是——用一个陈腐的词语来说——人的状况本身。有见识、有文才在此领域作出具有哲学趣味的贡献的人为数不多，而叔本华无疑是其中之一。

叔本华环顾世界，发现世界遍布着苦难——挫折、乏味、痛苦和悲惨。或许有人认为这只是一个个人倾向问题。也或许会有人指出人生中存在着好运、单纯的快乐、满足以及付出诚实劳动后的回报。如此说来，叔本华莫不是仅仅在关注高度筛选过的人生况味？果真如此，那他的悲观主义就是肤浅的，无缘无故的。但事实并非如此。无论是否同意他的观点，我们都应该看到他在探讨关系人类存在价值的一些影响深远的结论。存在则必会受苦；与不存在相比，存在并非更可取。现实如果从未存在过就更好了。这些主张使叔本华成为一个具有哲学意趣的悲观主义者。

第一个观点是，苦难在任何个人的生活中都存在，不可消除。作为物质的、活生生的生物，我们的日常生活就是为目标而奋斗。然而，叔本华认为，一个奋斗的人，一个意识到自身目标以及目标是否实现的人是一个受苦的人。其中部分原因可从利己主义的角度来理解。芸芸众生，人人都必须奋力图存，这就会出现目标的冲突，而阻止同情心的神秘介入就必定产生苦难。既然同情心不是普遍存在的，甚至不是广泛存在的，那么生活在众生之间的个体生命就很有可能包含一些受苦的插曲，还有一些让他人受苦的插曲。

然而，意志行为本身在另一种意义上与苦难紧密相连。首先，意志行为不会源自完全充足和满足的状态。个体只有在经受某种缺乏或不足的时候才会奋斗，而经受缺乏就已经是一种形式的苦难。其次，在事件发展过程中，个体的有些奋斗目标没有得到实现。如果个体没有实现某个目标，那么个体原有的缺乏状态就延长了。这种事实与意识到没有实现目标的状态一起又导致进一步的苦难。或许我们可以想象某个个体总是成功地实现了奋斗目标——这对叔本华而言也是无济于事的。因为，当我们实现一个一直为之奋斗的目标时会发生什么呢？此时达到的状态叫作满足或者幸福。但是，叔本华说，这种状态仅仅相对于刚刚消除的不足是有价值的。满足感只能存在于一个受过苦的个体里，而其价值也只是相对于某个特定的受苦阶段而言的。叔本华在陈述时说，满足是消极的，痛苦是积极的。痛苦是可以感知的东西，而满足是一种缺席；得到满足仅仅是通过消除所感到的不足而退回至中性状态。感觉不到不足，因此就没有奋斗目标，仅仅是这样的状态本身就毫无积极价值。如果像这样持续一段时间，那就只是无聊了，叔本华常说无聊是人生的普遍特点之一。最后，目标的实现永远不能使人完全停止奋斗。“每个欲望一旦满足，新的欲望又产生了”：不管实现的是什么奋斗目标，很快就要继续为新的目标而奋斗，因而继续遭受进一步的苦难。因此奋斗无法消除苦难本身。只要我们存在，我们所做的任何事情都无法阻止我们产生意志行为，也就是说，我们必须受苦。

有一点对叔本华而言很重要：虽然生活包含苦难，却不能通过苦难有任何积极意义来弥补。很多生命事实上能在苦难与满足之间保持平衡,这样才足以使人忍受生命。

> 这是几乎所有人的生活:他们有意念,他们知道自己希望什么,他们为此而奋斗,所获得的成功足以使他们免于绝望,所遭受的失败也足以使他们免于无聊,免于无聊带来的后果。(《作》第一卷,327)

但是如果仅仅考虑苦难的存在,探问包含苦难的存在是不是好事,那么我们就不能说苦难可以通过远远高于存在本身的某种好处而得到弥补。一般的苦难要想得到弥补,那必须是:一个个体的人的存在是件单纯的好事,不管发生什么。而我们即将看到,这是叔本华彻底否定的。但到目前为止,如果接受他的观点,我们至少可以得出这样的结论:任何人可以获得的幸福都一定与苦难有着密切关系。想象一种没有苦难的存在就是想象一种并非人类个体的存在。

死　亡

对于存在的最明显的事实——我们的存在将会终止,我们每个人应该采取什么样的态度呢?我们的确倾向于畏惧死亡,但叔本华认为这种畏惧不是基于好的理性的缘由,而是因为我们是生命意志的体现:"对生命的无限依恋"是人类与生俱来的情感,一切动物皆然(《作》第二卷,465)。如果死亡的过程涉及痛苦,那么畏惧死亡也许是正当的。但那样一来，畏惧的对象就是痛苦而非死亡。叔本华列举了几个熟悉的论据来说明畏惧死亡是不合理的。其中之一是对称论：我们出生以前并没有无限期的存在，而那对我们而言是一件无关痛痒的事情，那么我们也应该同样看待自己的不再存在。另外一个便是伊壁鸠鲁的观点，即正是**因为**死亡包含着生命的不存在，我们才无须害怕死亡：一个不存在的事物的不存在能有什么影响呢？

然而，叔本华提出了一个更加积极的令人慰藉的观点。他承认死亡是人类个体的休止，但是他认为这不是看待死亡的唯一方式。同时代的很多欧洲哲学家在死亡的绝对寂灭论与永生论之间摇摆不定。但是两种观点都"同样错误"(《作》第二卷，464)。从一个"更高的视角"来看，这个问题就变得很明显。这个视角再一次利用了物自体与现象之间的差别。我作为一个个体，不过是现象世界的一部分。它在一定时段内占有一部分空间，其后就不再存在了。从个体角度看，死亡就是寂灭，并且是我的彻底寂灭，如果我的全部就是这个具体现象世界里的一个个体的话。然而，如果我同时也是我自身中的某个事物，超出一切时间和变化之外，那么死亡就不是我的终结：

> 最大的含混之处其实在于"我"这个字眼……据我自己的理解，可以说："死亡是'我'的完全终结"；或者"'我'个人在现象世界中的出现只是我真实的内在本质的无限小的一部分，正如我是这个世界无限小的一部分一样"。(《作》第

二卷,491）

“我真实的内在本质”在这里与“世界”指的应该是同样的东西,因为现实**自体**是不受任何个体状况左右的。因此那个“更高的视角”得出的想法是我就是世界;鉴于这一点,我们可以采取如下这个当能宽慰人心的观点:“我”通常是指一个短暂的个体,是不值得担心的。

叔本华再一次试图放宽我们把自己当作个体的那种常见的认同感。世界通过当时当下的我来体现自身。而当我不再存在后,同样的,世界会通过同物种的其他个体以同样的方式来呈现自我。这些个体将会发现自己是意识的主体,把自己称作“我”,追求其目标,经历苦难与满足,然后又不再存在。我可以这么认为:现实自体不会关心是这个还是那个个体的意志呈现。自然本身不会因为任何一个具体部分的毁灭而悲伤,没有我它依然会存在。如果我与现象世界的其他个体享有同样的“内在本质”,那么不管现象消逝与否,我的本质内核是继续存在的。其实,“继续存在”是对叔本华观点的一种曲解。从时间无限的意义上讲,现实自体是永恒的。我拥有我的“现在”,其他每个现象,不管是存在过的还是即将存在的,都同样拥有它的时间,对它而言同样是“现在”。但是,从现实自体的角度来看,时间是一个幻觉。因此某个特定事物在现在之后就不再存在这个现象事实,就不是关乎现实自体的事实了。

这里就出现了两个问题:一是这种观点作为形而上的应用可

能不会令人信服；二是即使这很可信，也可能不会给人慰藉。物自体是无差别的、永恒的这一观点源自叔本华的理想主义时空理论。如果我们对他的理论有疑问的话，这个观点我们也会质疑。真正麻烦的是这样一种看法：“我”是以某种方式存在于这个永恒的、没有差别的世界。先前叔本华告诉我们，“我”指的是物质的、奋斗的人，指的是我们发现自己所作为的纯粹的有意识的主体。而且如果不是拥有身体器官的人，我就不会存在。但是，如果在人类个体不再存在的同时主体意识也不再存在，“我”所指代的任何事物又如何留存呢？我们在讨论一个具有同情心的人的非自我主义世界观时所说的内容，可以再次应用到关于死亡的更高的视角上：在死亡所要求的终极现实的画卷上是不可能找到**我自己**的。

叔本华关于死亡的“更高视角”是否可以给人慰藉？这一问题很难回答。他努力反复灌输一种思想，即一个人的死亡在万物秩序中是没有多大意义的。但是如果接受他采取这种态度的理由，我们不应该认为个体生命是没有意义的吗？这个想法能给人慰藉吗？叔本华似乎是这样认为的：

> 死亡是不再做我的好机会……濒死就是从个体的片面状态中解放的时刻。这种个体的片面并不构成我们真正存在的内核，而应该被看作一种失常的状态。(《作》第二卷，507—508）

事实上，叔本华认可两种不同的观点，他的死亡观可能因此给人以慰藉。第一个是**对生命意志的肯定**。持有这种观点的人可说是以“强硬之骨”立身于世。

> 一个在生活中找到满足并因此而非常开心的人，一个经过冷静深思却依然渴望他迄今为止所经历的人生旅程能无尽地持续或者不断地重现的人，一个以巨大勇气面对生活、为了生活的欢娱而心甘情愿承受生活的千辛万苦的人。（《作》第一卷，283—284）

这个人可以在叔本华所认为的“死亡无法毁灭我们”的理论中获得安慰：“装备了我们所赐予的知识，他会漠然看着死亡乘着时间的翅膀向他逼近。他会认为这是一个错误的幻觉。”（《作》第一卷，284）这样的人会认为作为个体而活着是很好的，然而生命的终结也是个体无力逃脱的命运。

叔本华认为，自杀同样是源于对生命的肯定态度。他的解释是这样的（乍看起来很奇怪）：如果我认为生命中的欢愉具有积极意义，那么尽管生命中包含痛苦，我也总是冒着痛苦将胜过欢愉的危险。如果我继续想从生活中得到潜在的积极方面，但又渐渐觉得得到的只有苦难，解决方法就将是不再生活下去。然而：

> 自杀远不是对生命意志的否定，而是强烈肯定生命意志的现象。因为否定的本质内容是避开生命中的欢愉而非悲哀。自杀是生命意志的体现。自杀仅仅是因为个体对生命

状况的不满。因此他所放弃的绝对不是生命意志，而仅仅是生命，因为他毁灭了个体现象。(《作》第一卷，398)

因此，一个希望自己的生命可以无限反复的人（尼采似乎又从这些人身上学到了一些东西）和一个不堪苦难重压而结束自己生命的人，他们的确采取的是同样肯定生命意志的态度。但是，二者都会错过另外一些东西：他们不会渐渐懂得叔本华所理解的真理，即不断受苦对所有生命都是至关重要的（《作》第一卷，283）。另一种观点包含着这个真理，那就是**对生命意志的否定**。这种态度意识到了苦难作为生命意志的个体体现遍布于所有个体，而且实现目标也绝不可能脱离苦难。它停止在人类个体生命中寻求任何积极价值，包括从转瞬即逝的满足感当中寻求积极价值。这就形成了一种对待死亡的独特态度：

情愿死，欣然死，怡然死，是安于现状者的特权，他们放弃并且否定了生命意志……他们自愿放弃了我们所知的存在，转而得到我们所认为的**虚无**。因为相对于那种存在，我们的存在是**虚无**。佛教教义把那种存在叫作“涅槃”，也就是毁灭。(《作》第二卷，508)

意志的否定

生命意志必须被否定——“如果要从我们这样的存在中获得救赎的话”（《作》第一卷，405）。救赎是一种宗教教义。叔本华热衷于把哲学探讨与基督教、婆罗门教和佛教联系起来。他声称，撇开神秘的外在表现以及近期堆砌的教义，这些宗教的核心都是一样的。甚至上帝也不够简洁明了：哲学意义是有神论者和无神论者一样都可以感受得到的（《作》第一卷，385），那就是，如果要在存在中找到真正的价值，我们必须摈弃作为人类的本质，或者拒绝它。真正的自我是生命意志（《作》第二卷，606），而这也是必须被否定的，所以，救赎存在于自我否定或自我摈弃中。“事实上，”他说，“什么也不能被视为我们存在的目的，除了一点认识，那就是我们最好不存在。”（《作》第二卷，605）在“生命意志的否定”中，个体反对在自己身上发现的生命意志的特殊体现，也就是反对自己的身体，反对自己的个体性。因此个体会尽可能停止为实现自我目标而奋斗，停止躲避苦难或者寻求欢愉，停止欲求种类繁殖或任何性满足——简言之，个体鄙视自身本质的意愿部分，不再谋求对意愿的认同。经过叔本华令人欢欣的散文式描绘，这种显然不惬意的状态变得似乎值得去寻求：

> 我们可以推断，一个人的意志如果不是像在欣赏美时那样短暂地沉寂，而是永远沉寂、彻底消灭的话（除了最后发出与机体同生共死的微光），他的生活一定是多么地幸福啊。这样的人经历了与自身本质的诸多艰苦斗争，最终彻底征服了，仅仅留下一个纯粹的认知性存在，一面反映世界的纤尘不染的镜子。没有什么再可以让他烦恼或惊异了；没有什么可以再感动他了，因为他已经切断了把我们同世界捆绑在一

起的千缕意志行为之线，以渴望、畏惧、嫉妒和愤怒的形式把我们拽来拽去、使我们不断痛苦的千缕意念之线。(《作》第一卷，390)

那时我们经受的就不是坐立不安，压力重重以及心力交瘁；也不是从欲望到忧虑、从欢乐到悲伤的不断转变；亦不是构成欲求者终生梦想的永无满足、永无休止的希望。我们看到高于所有理性的平和，看到心灵如大海般的平静，看到深深的宁静，看到不可动摇的信心与安详，这种信心与安详仅仅在拉斐尔和柯勒乔描绘的人物相貌中反映出来就是某种十足的福音书。唯有知识留存，意志已然消失。(《作》第一卷，411)

意志的否定与对美的宁静思索具有密切联系。尽管如此，这种否定也不能通过美学途径来获得。它首先是通过一种圣人般的生活获得。这种圣人体会到自我主义、个体性以及整个现象世界都是一种错觉，并由此而生出正义与慈悲的情怀。所有事物在“自体”层面上都是一样的，这种假定的认识导致自我主义的彻底屈服，也导致人们将所有苦难都当成自己的苦难。这种“对整体的认识”因此成了“一切意志行为的**消声器**”(《作》第一卷，379)，使得意志违背其自我肯定的自然状态。通向这种状态的另一条次要途径是苦难本身。这条途径在叔本华看来更为普遍，因为圣人般的生活不仅罕见，而且面对意志的诱惑极难保持(《作》第一卷，392)。然而，现实生活或悲剧艺术中也有这样一些人，他们的个人痛苦很长久或很强烈，最后生命意志破灭了。于是，仿佛“从苦难净化的火焰中突然闪现出一道银光”，救赎的状态就可能达到了。在这种状态下，人们摈弃所有欲望，人们超越自我，超越苦难，达到一种“神圣的平和、幸福和崇高”的状态（《作》第一卷，392—393）。

叔本华提出大量实践和经验，自认为能证实他对自我摈弃的描述：

> 寂静主义，即放弃所有意志行为，禁欲主义，即抑制个人意志，以及神秘主义，即意识到自身内部存在与所有事物的内部存在或世界核心的同一性，这些都有着非常密切的联系，因此任何人信奉其中之一便会逐渐接受其他思想，甚至会违背自己的意愿。表达那些教义的作家们尽管年龄、国籍及宗教信仰差别很大，他们的意见却是一致的，这一点最令人吃惊。(《作》第二卷，613)

禁欲者不满足于为他人祈福，当意志通过身体表现出来时，他积极寻求反抗意志的种种目的。[“人自身的苦恼”因此便成为行动的第四个**刺激因素**，另外三个是自我主义、恶意以及同情（《作》第二卷，607）]。叔本华这样描述禁欲者：“他身体强健，通过外生殖器表达性冲动，但是他否定这个意志，对自己的身体撒谎。”（《作》第一卷，380）与自觉戒除性行为——生命意志的最强有力的体现——相伴发生的，通常是自甘贫穷、不躲避他人的伤害或侮辱、斋戒、自我惩罚以及自我折磨。因为所有这些情形都是刻意追求的目标，所以禁欲主义不能等同于完全没有意志。后者必须是像“突然的银光”一样从苦难中产生的，是不可预料的；人可以蓄意筹划苦难，但是真正的救赎不是有意的，不是预先设计的。

与此同时，神秘主义仅仅是“意识到自身内部存在与所有事物的内部存在的同一性”。叔本华声称他能做到从哲学角度描述神秘主义者在主观经历中达到的状态。但由于这种经历不可言传，他就达到了哲学的局限所在：

> 当我的学说达到最高点，它便带有一种**消极**特征，因而以一种否定告终。因此在这里它只能讲什么被否定或放弃了……神秘主义者正于此时此刻积极地行进，因此在这一点上仅留下神秘主义。(《作》第二卷，612)

叔本华的书开头说“世界……”，结尾的确是“——虚无”。现象世界被人所否定，这些人的意志反对这个世界，反过来他们拥抱的仅仅是虚无；但是随后，从他们变化了的视角出发，整体世界就可以归零了。无意志的主体不赋予人的苦乐轮回以任何积极价值，而在拒绝那些拥有普通人类价值之事物的过程中找到一种新的价值。

不管我们对叔本华最终的理论是否满意，我们一定会担心它能否自圆其说。我们经常质疑能否把**自我**看作存在于一个消除了个体间所有差别的世界。但是，即便撇开这一点，有人也许还是会问：如果世界的核心是被憎恶的生命意志，正是“我”如此想要逃离的东西，“我”又怎么能默认“我”与世界核心同一这一平静观点呢？然而，可以这样来解答这种担忧。我们不能忘记叔本华对认知与意志行为的区分。去**认知**世界作为一个无处不在的、无目的的生命意志，这不同于当意志通过身体表达自己的时候与其合谋——不同于代表这个特定个体来实施意志行为。对叔本华而言，救赎是通过认识实现的，不是通过任何好的事态所获得的认识实现的。把世界看作一个并非与我不同的整体，这样的看法是有价值的，因为它把我从奋斗、幸福和苦难的单调工作中解放出来——而不是因为我渐渐认识到世界是好的。对叔本华而言，世界不是一个好事物，我也不是。但是如果退后一步，从普世的角度来认识这个糟糕之地，而不是在与其一小部分地区的毫无疑义的认同中继续意志行为，则还是可以抢救回一些价值的。

与意志否定相关的最后一个问题是，它是否始终注定是一种意志行为。如果我可以选择肯定或否定我的意志，那么在某个更高的层面上，我必定愿意否定生命意志。如果这个能识别肯定和否定的“更高的”意志行为不隶属于生命意志，这就不是一个矛盾：我就可以任意决定否定我的生命意志。但是，如果叔本华认为所有意志行为都是生命意志的一种形式，而且对生命的否定是我可以任意施行的，他的观点就很难自圆其说了。这个问题的最佳解决方法是声称对意志的否定仅仅存在于一个主体中，并不是一种有意识实施的行为。人对每种生物或是自身苦难的天然同情很大程度上克服了人的自我主义，于是他不可能再奋力追求那些从狭隘的自我存在中产生的目标。他对这点的另一种描述是“生命意志反对自身”。在《作为意志和表象的世界》的末尾，他写到的不是“那些否定了意志的人”，而是“那些其意志转而否定自身的人”(《作》第一卷，412)。有一点很重要，这里的媒介并非直接是**我的**。正如原先让自己拥有生命的不是我一样，反对生命意志的也不是我。这里的“施动者”是生命意志，是生命意志反对自身。所以意志的否定其实**不是**发生意志否定的这个人的一种意志行为。然而，叔本华有时候写的似乎就是这样的。那些其意志反对自我的人必须时常与对意志的肯定进行“斗争”，而肯定意志是身体的自然状态；他们必须“通过自我强加的一切形式的摒弃行为全力斗争，坚持这条道路”(《作》第1卷，391)。我内在的生命意志是顽固的，即使它先前被圣人般的行为或沉重的苦难所破坏，它还会反过来肯定自身。所以这样一来**我**就必须继续希望否定意志。

悲观主义

叔本华的哲学悲观主义体现在两个互相联系的论点上：一是对每个人而言，不出生更好，二是整个世界是所有可能的世界中最糟糕的。对第一个论点的论证基于这样一种看法，即对普通的奋斗者而言，生命必定包含苦难；还基于这样一种观点，即所有的满足仅具消极价值，是苦难的终止。叔本华从这里延伸到如下一种观点：人类存在中所能得到的任何满足都无法弥补生命中所必须包含的苦难。就好像是在天平上，与任何苦难，即便再小的苦难相比，没有什么满足感能平衡它们。光凭世界上存在恶这一点，世界不存在比世界存在要好——我们应该希望不仅我们自己没有存在过，而且我们必须受苦的这个世界也不曾出现过（《作》第二卷，576）。总之，我们的状况是“不存在会更好”（《作》第二卷，577）。

其实这个观点我们并非不得不接受。人生是无目的的，人生必定包含苦难，没有任何满足可以抹去任何一种痛苦带来的罪恶——这种看法很有道理；在这个意义上，叔本华援引的彼特拉克的一句诗，“一千种欢愉都弥补不了一种痛苦”（《作》第二卷，576），就是正确的。同样，还有一点可能也是正确的：**不能保证**存在比不存在要好。如果像叔本华另一个不无道理的断言所说的那样——“十个人当中有九人在不断与欲望作斗争，总是费劲费力地在毁灭的边缘保持着自我平衡”（《作》第二卷，584），那么存在好于不存在的个体生命的总数可能比我们认为的要少得多。我们仍然不能因此就说每个人都应该认为其存在比不存在要糟糕。所需要的关键前提是一个生命所包含的**任何**苦难都使得其不存在要更可取。但是这一步会让我们认为七十年的满足就因单独一段痛苦的插曲而变得毫无价值——那无疑是不可信的。我们应该更强烈地质疑这样一种观点，即所有的满足都是消极的——痛苦**是被感知到的**，而满足不过是恢复中性状态。不管一个人的生命中有多少幸福的部分，这些部分都不能带走个体受苦的那些部分，这种看法是正确的。但是仅仅是受苦的事实并不能带走不受苦的那部分的价值（不受苦的那部分可能恰好有很多），这应该也是同样正确的看法。

叔本华尖刻地批评乐观主义，即认为这个世界是所有可能的世界中最好的一个——“其荒谬性有目共睹”（《作》第二卷，581）。他最猛烈的攻击是这样的观点：这个世界其实是可能出现的世界中最糟糕的。他是这样说的：“把‘可能’当成是‘能够实际存在并延续的’。那么既然‘这个世界要想能够继续艰辛地存在，它就是以它必须被安排的方式来安排的’（《作》第二卷，583），我们就可以明白，一个比这个世界更糟糕的世界是不能继续存在的。因此这个世界就是可能存在的最糟糕的世界。”这个论点很奇怪。叔本华引用大量证据证明一个观点：这个世界只有历经重重困难才能继续存在。十分之九的人类生活在灭绝的边缘，很多物种已经彻底消失了，温度稍微有些变化或是大气成分稍微有些变化就会将生命完全毁灭。地球轻易就可以被太阳系中的碰撞或是地壳底下的力量所摧毁。因此，也许有很多可能的世界比现在这个世界离灾难更远——如果真是这样，知道这一点可能对人有益。但是我们可以清楚地想象这个世界的很多变化都是明显地在恶化，它们还不足以毁灭地球或地球人。现在很多人认为环境正逐渐变得越来越不利于生命了。但如果叔本华言之有理，下面这个观点将是站不住脚的：此刻一定是最接近世界末日的——似乎没有任何理由接受这种极端的观点。

因此叔本华声称的这些极端的悲观主义学说是没有说服力的。然而，他的悲观主义成功地提出了某种不那么极端的完全可信的观点，即认为以下想法，如我们并非**注定**要受苦，我们从某种角度来说值得拥有幸福，或者世界应该让我们实现奋斗的目标，这些想法是错误的——同样，认为不管生活带来什么，活着就是好事的看法也是错误的。他对虚荣心或生命之无价值的冗长动人的讨论使得我们逃离这些乐观主义的错觉，接受一个更残酷却更人道（有待论证）的观点：生命本身是无目的的，苦难总是生命不可分割的一部分，生命的终结有时可能是好事。

尽管如此，有时人们会认为叔本华最终根本不是一个真正的悲观主义者。因为他并不真正认为人生中没有可以获得的价值。美学思考，艺术天才，慈悲和正义的生命，禁欲主义以及对意志的摒弃，这些都是至少等待着一些人的至高无上的价值。逃离意志的人正好获得了"救赎"，这似乎是一种其价值无可指责的状态。所有这些都是正确的，但又与"悲观主义"有矛盾，如果你认为在悲观主义看来任何事物都毫无价值的话。这与叔本华下面的观点并不矛盾：不存在本来会更好，这个世界是最糟糕的世界。无意志的价值是真实的，但在叔本华看来，必须是在能对最糟糕的处境起到某种改善作用的条件下。有人可能反对这样的说法：在一个更糟糕的世界里，甚至连无意志顺从的救赎也是得不到的。但是叔本华会这样回答：在那种情况下，存在将变得很难忍受，没有哪个真正理解其性质的人能够忍受下去。在那个意义上，它就不是一个可能存在的世界。

最后，如果我们考虑到在他的万物谱系里唯一称得上悲观的价值取决于自我摈弃，甚至叔本华的救赎观本身也可以肯定地说是悲观的。对那些为生活奋斗的个体和林林总总的生活目的采取超然的态度，我们就能顺而从之，享受审美的宁静。如果这个活着的个体在表象的世界里仍然保持**我的本性**，如果生命意志仍然是我自身中的**本性**——没有非实体的灵魂，没有合理的本质，没有天意筹划的成分——那么**我的本性**不仅是无价值的，而且是一个障碍，必须拆除它才能看到真正的价值。因此要感受叔本华为存在问题所提供**答案**的全部分量，就要遭遇一种自我憎恶，而自我憎恶中隐含着最深的悲观主义。

第九章

叔本华的影响

叔本华认为自己建立了一个揭示了“单一思想”的哲学体系(《作》第一卷，xii)。但是这个体系遭到很多批评，通常不是他吸引力的基础所在。他作为哲学家的永恒的重要性更多体现在他自由探究和直率质疑的风格，体现在他对传统的确定性的摧毁以及他所面对的新的不确定因素。不朽的灵魂，神的意图，人的尊严，这些旧思想对叔本华而言已经消逝了，而且不应该复兴。人类是自然的一部分，理性并没有赋予人类特别崇高的地位。人类个体被体现着，不安地活跃着，是奋斗的、受苦的动物，其核心是性欲和自我主义。个体的身份变得彻底成问题了。我们的大脑是一个适应生活目的的有机体的大脑，分裂为两个方面，一个是有意识的、认知的、我们试图认同的看似超凡脱俗的自我，另一个是看似异己却真正驱动我们的、无意识的、自然的意志。生命没有目的。做自己并不是一件具有任何积极价值的事。叔本华的论证使自己陷入一种困境，在这里存在本身就是一个问题，然后他又提出诸如天才和圣人般的状态、审美经历和个体性湮灭这些例外，作为打捞价值的唯一方式。这种令人不安的挑战性思想代表着他对现代文化的独特贡献。

尽管从来没有过一个叔本华学派，他对思想史的影响却是既伟大又丰富的。在19世纪晚期和20世纪初，他是欧洲文化的前沿：他的书被广泛阅读，为许多学术论文和出版的专题论文提供了素材，知识分子和艺术家们趋之若鹜。他拥有一些哲学上的追随者，但是可能更为显著的是他吸引了那些爱上他文章的人，他们认真思考或者苦苦琢磨他的思想，然后进行创造性运用。19世纪50年代瓦格纳迷上了叔本华，这种迷恋成为他的创作，尤其是《特里斯坦与伊索尔德》创作的主要动力。19世纪60年代，类似的事也发生在尼采和托尔斯泰身上。19世纪80年代和90年代，读过他作品的有托马斯·哈代、托马斯·曼以及马塞尔·普鲁斯特；20世纪初期的几年，年轻的维特根斯坦也读过。我们在《布登勃洛克一家》和《追忆似水年华》中可以找到阅读叔本华或讨论他作品的角色；《德伯家的苔丝》也提到了他。总之，这里无法列举的还有许许多多著名艺术作品都打上了叔本华思想的烙印，有些是直接的，有些更为间接。受到叔本华哲学影响的艺术家的名单还可以继续往下写，如马勒、里夏德·施特劳斯、屠格涅夫、劳伦斯、贝克特、博尔赫斯等。

叔本华的魅力离不开他作为一个文学家的才干。他优美的散文以及他对结构和戏剧性的把握——叙述中的每一步都有一个充满力量的形象，在时间安排上也达到最佳效果——使他从哲学体系到小说或歌剧舞台的过渡极其流畅。没有哪一种学说能同时打动这么多作家和音乐家，但给人留下最强烈印象的无疑是他的美学理论，他的音乐哲学，他对无意识的认可，他对强烈的性冲动的探讨，他的悲观主义以及他对人类存在价值的质疑。在一些方面，令人奇怪的是叔本华影响最大的时期没有持续到20世纪20年代之后，而那时正是很多我们刚才提及的那些人成为知名文化人物的年代。这段时期经济领域很不景气，一战徒劳无功，又平添更多痛苦，对心理分析的广泛兴趣改变着人们对人类性格的认识——难道这不是一个真正的叔本华时代吗？然而直到20世纪中期他都不是一个那么有名的作者，其中一个主要原因是当代哲学的主流没有给予他真正的关注。

在那些为叔本华所折服的人当中，瓦格纳和尼采是最早的，似乎也是受影响最深的。也只有在了解这两位大家的过程中，探讨他们与叔本华的联系是大有裨益的。瓦格纳不是哲学家；他有时也坦言，尽管他不断反复阅读，要弄清叔本华作品的深意还是很难。显而易见，音乐作为意志奋斗的直接表现这种观点吸引了他，但对意志的否定这一观点也是如此。他在写给李斯特的一封信中说："我已经……找到了一种终于能帮助我在夜晚入睡的镇定剂；那是对死亡的真诚而由衷的渴望：完全无意识，彻底寂灭，一切梦的结束——唯一的终极救赎。"瓦格纳清楚地感觉到叔本华的思想使他自己的一些见解变得明确了，让他对自己现有的作品有了全新的看法："如今我终于可以理解我的佛旦了。"他在歌剧里最接近叔本华真实哲学的地方，是剧中人物特里斯坦和伊索尔德表达他们作为个体对停止存在的深切渴望的时候。性爱可以压倒个体生命当然也是叔本华的主题之一。然而，瓦格纳试图将对不存在的渴望转变成性爱的高潮，而不是转变成叔本华所倡导的彻底否定性爱——换句话说，即使是在最感激叔本华的时候，他也并非完全亦步亦趋。

把瓦格纳与年轻的尼采联系在一起的事情之一是他们对叔本华的热爱。他们是各自发现叔本华的。即使尼采也曾经经历过一种情感上向叔本华哲学的“皈依”，他与该哲学的关系是非常不一样的。在他出版的第一本书《悲剧的诞生》中，尼采用一对具有象征意味的神——阿波罗和狄俄尼索斯来解释希腊悲剧了不起的艺术成就。阿波罗代表美丽的梦一般的个体英雄形象。狄俄尼索斯代表朝着暗藏在个体性之下的残酷世界的吓人而又令人陶醉的一瞥（这个世界将毁灭这个英雄）。在试图解释这对象征的时候，他用到了叔本华对表象和意志的区分。尽管这本书是一种独特的情感迸发，很多内容都与叔本华没有什么直接联系（尼采自己后来这样评论），但是阅读叔本华在为尼采提供该书的轮廓及写作冲动上起着决定性作用。

然而，使叔本华变得对尼采更有意义的是后来发生的事情。他背离了从前的“老师”，乃至说他“一无是处”。随着尼采自己哲学的发展，叔本华依然是他的一颗特殊的指路之星——一颗需要避开的星。在《论道德的谱系》里，尼采把叔本华的思想判定为是他自己性格的释放口，还特别提到对审美宁静的推崇表示了叔本华逃离他自己的可恶的性冲动之后的安心；而且“他本来会生病，本来会变成**悲观主义者**（因为他不是悲观主义者，尽管他很想），如果没有敌人，没有黑格尔，没有女人，没有感官愉悦以及存在和坚持下去的整个意志”。也许吧——但如果没有叔本华，没有他对错误的适时总结，尼采又会变成什么样子呢？尼采在前言中已经告诉我们：“受到威胁的是道德价值——在这一点上，我必须几乎全部向我伟大的老师叔本华妥协。”

尼采很关心价值的丧失。他同意叔本华的观点，即存在必定包含苦难，基本上是没有意义的。但是他反对把摈弃和禁欲当作救赎的方式。深入探索叔本华的思想是必要的一步，但是除了寻求逃离意志、摈弃人的个体物质存在这种“否定生命”的态度外，必然有另外一种态度。尼采所建议的解决方案是一种创造性的自我肯定（“成为你自己！”），把自己的痛苦甚至是残忍作为自身真实的一部分来接受。他的“权力意志”观不只是用词上基于叔本华的“生命意志”，它试图取代后者来描述组织人类行为并在某种意义上组织整个宇宙的根本驱动力。权力意志并不主要是一种政治学说，而是试图通过假定一种潜在的增长趋势和掌控世界与自我的趋势来解释人类行为、认知以及文化信仰。尽管他驳斥叔本华关于物自体的形而上学说，试图全盘怀疑哲学上的形而上学，但尼采的权力意志观表现出与叔本华意志观惊人的相似。鉴于权力意志的观点，尤其是权力意志可以是有意识的，也可以是无意识的，它在个体中有一个有机的基础，它无所不在，鉴于这些，把权力意志称为叔本华学说的继承者是恰当的。

尽管叔本华是尼采所批评的哲学家中的前沿人物，其批评的很多方法都是叔本华建议过的。比如说，尼采认为关于道德价值的形而上的学说和信念并不来源于“纯粹的”理性思索，而常常是因为暗中需要与苦难以及掌控自己或周围环境的意志达成一致。这种观点明显就源自叔本华所持的意志塑造我们的智性过程这一学说。叔本华认为世界是由生物体的某一特定物种的大脑来构造的。这反映在尼采的思想中，他坚信没有绝对的真理或价值，只有帮助我们应对生活的观点和虚构。叔本华当然也提供了禁欲主义理想的最赤裸的例子。尼采认为大多数西方文化之下都暗藏着禁欲主义理想——“人类宁愿**虚无**，也不愿**放弃**意志”。除开这样的思想影响外，尼采的作品通常表现出与叔本华丝丝入微的联系。即使是在与叔本华思想存在最大分歧的时候，他也会借用叔本华语气和术语的神韵。读尼采而不了解叔本华就无法听出一个反复出现的潜台词，看不到在尼采作品常常令人困惑的推进中的一个关键方向点。

在尼采的同代人当中，人们对叔本华哲学的兴趣是广泛的。他常常被作为康德的一个主要继承人来研究。那个时代重要的哲学家，如汉斯·费英格和尼采的朋友、东方学家、玄学家保罗·多伊森就从叔本华那里发展出了新的体系。在20世纪，叔本华受到法兰克福学派的极力推崇。这个学派不满于正统马克思主义的乐观主义，尤其对马克斯·霍克海默不满。然而，声称到现在为止受到叔本华影响的大哲学家除了尼采只有维特根斯坦，这是不过分的。像尼采一样，维特根斯坦不是在一种学术背景下接触叔本华作品的。那些作品他是作为维也纳上流社会所有的思想储备的一部分来读的（有一个解释性的小细节，叔本华的另一个“门徒”古斯塔夫·马勒在早几年前住在维特根斯坦家中的时候，曾经送给布鲁诺·韦尔特一套叔本华全集）。事实上，对于一个来自像维特根斯坦家庭那样的有教养的年轻人而言，没读过叔本华会是一件很奇怪的事情。

维特根斯坦导致《逻辑哲学论》产生的最早哲学作品，初看似乎与叔本华没什么共同之处。他与弗雷格和罗素合作研究过形式逻辑的新方法，形式逻辑成为一场试图驳斥理想主义和德国形而上学假定的极端运动的基础。以前人们常常辩解，认为维特根斯坦对叔本华感兴趣是年轻人离经叛道。事实当然不止于此。在《逻辑哲学论》里，在谈及“我”的时候他用了叔本华的意象：这是一个无广延性的点，就像一只看不到自身的眼睛，是世界的一个局限而非一部分。“我”不是构成世界的事实的一部分。世界上也不存在任何价值。价值，无论是道德的还是美学的，都似乎来自对世界整体而非世界内部某些具体事实的态度。“从永恒的角度看待世界”——这是叔本华的另一个观点——“就是把世界看成一个整体”。维特根斯坦说，这是一种神秘的感觉。把哲学当作爬过之后就扔掉的梯子的意象同样使人想到叔本华对哲学与神秘主义关系的看法。

在《逻辑哲学论》里，我们感觉到它讲的是只在文中间接出现的某种东西。作者说，这本书的意义是“伦理”的，而在书中大家都知道，伦理不能表述为命题，它必须显示自我。维特根斯坦明显感到困扰，他在想，一旦人们用语言描述世界，真正的大问题，比如说“我”是什么，“我”与世界有什么关系，世界有什么意义以及善恶从何而来，这些就完全不会触及了。在他苦苦思考这些问题的时候，叔本华的哲学在很大程度上为他提供了一个阐述这些问题的坐标。在他早期的笔记中这点尤其清楚。早期的笔记上重复着“主体”与“客体”、“意志”与“表象”、“世界”与“我”这样的词语，这些词语只有被看作是试图借助叔本华的帮助来想清楚事情才可能理解得了的。

维特根斯坦明显受到叔本华影响的另一个方面是行为理论。从他最早的作品到他的成熟之作，维特根斯坦都在担心是否存在独立于身体运动之外的意志的精神行为。这个问题是他探讨精神问题的核心：精神是否在任何意义上是“隐藏的”，并对分析哲学的行为理论具有重大影响？他似乎常常被一种基本观点所吸引，那就是，意志行为与行动是一致的，不是纯粹“内在的”精神过程。可以很容易地看出，这种观点根本上是叔本华的。尽管维特根斯坦在这方面并不经常提及前辈的名字，但他讨论所用的术语反映了其中的继承关系。

除了艺术和哲学，叔本华的影响也延伸到心理学，这是通过他的无意识观念以及性欲为人性之本的观点来实现的。曾经红极一时而如今多少被遗忘的一部著作是爱得华·哈特曼1869年发表的《无意识哲学》。这是一种奇怪的杂糅，作者试图把叔本华的一些观点与黑格尔的一些看法结合起来，并试图在悲观主义和乐观主义之间建立一种友好关系。他对叔本华无意识观念的主要修正就是建议它必须不仅仅含有意志，而且还含有理念，并且以某种方式追求理性目标。这部作品使“无意识”成为19世纪后期一个被广泛研究的主题，并同时成为人们对叔本华感兴趣的一种渠道。尽管他不是讨论无意识的第一个或唯一的哲学家，叔本华却可能是在弗洛伊德之前作出最大贡献的人。

弗洛伊德自己当然读过哈特曼的作品并且的确提到过。也有人常常指出，他一定在他活动的学术环境中熟悉了叔本华的观点。尽管如此，弗洛伊德尽量与叔本华保持着距离。他在一个著名的段落中说：

> 我小心地避免与哲学本身有任何接触。心理分析与叔本华哲学有着很多的巧合——他不仅断言情感占主导地位，性欲至高无上，甚至还意识到了压抑机制——这不能追溯到我对他学说的了解。我是很晚才读叔本华的。

弗洛伊德一定在某种程度上知道为保持原创权要避免读什么，这一点人们很不情愿指出。无论如何，有一点可以确定，这一时期的学术和文化生活对叔本华高度关注，这是促成弗洛伊德著作的一个重要因素，不管弗洛伊德意识到没有。

荣格是受到叔本华感染的又一个有影响的心理学家。他说他从十七岁起就读叔本华（这让我们再次回到19世纪90年代）并且同意他把世界描绘成充满困惑、激情与罪恶：“这里终于有人有勇气洞察到：世界的基础由于某种原因并不是最好的状态。”

尽管叔本华的形而上学作为一个体系并不可信，但是他提出的关于自我与无意识、行为、奋斗、苦难、摈弃、美学崇高以及存在价值的问题——这些令人烦恼或给人慰藉的思想激励了许许多多有影响的思想家——仍然是鲜活的，仍然具有挑战性。当我们在前台更显眼的位置与（可能是）尼采或弗洛伊德辩论同样的问题时，叔本华的声音依然是一个独特的、充满力量的哲学声音，依然值得我们聆听。

译名对照表

A

action 行动 / 行为
aesthetic experience 审美经验
animals 动物
appearance 现象
architecture 建筑
arithmetic 算术
art 艺术
artist 艺术家
asceticism 禁欲主义
atheism 无神论

B

beauty 美
Beckett, Samuel 塞缪尔 · 贝克特
Berkeley, George 乔治 · 贝克莱
better consciousness 更好的意识
body 身体
boredom 厌倦
Borges, Jorge Luis 豪尔赫 · 路易斯 · 博尔赫斯
Brahmanism 婆罗门教
brain 大脑
Buddhism 佛教

C

causality 因果关系
cause and effect 因果
character 性格
Christianity 基督教
compassion 怜悯 / 同情
concepts 概念

D

Darwinism 达尔文主义
death 死亡
determinism 决定论
Deussen, Paul 保罗 · 多伊森
drama 戏剧
dualism 双重性 / 二元论

E

egoism 自私 / 利己主义
emotions 情感
in music 音乐中的情感
Epicurus 伊壁鸠鲁
ethics 伦理学
evil 罪恶 / 邪恶

F

Fichte, Johann Gottlieb 约翰 · 戈特利布 · 费希特
Frankfurt School 法兰克福学派
freedom 自由
Frege, Gottlob 戈特洛布 · 弗雷格
Freud, Sigmund 西格蒙德 · 弗洛伊德

U

V

W

扩展阅读

In addition to the standard translations of Schopenhauer's works listed in the 'Abbreviations and works cited' section at the beginning of the book, the following recent translations of Schopenhauer's works are also worth consulting:

Prize Essay on the Freedom of the Will, tr. E. F. J. Payne, ed. Günter Zöller (Cambridge University Press, 1999). For most purposes this would now supersede the Kolenda translation.

On Vision and Colors, tr. E. F. J. Payne, ed. David Cartwright (Berg Publishers, 1994)

Schopenhauer's Early Fourfold Root, translation and commentary F. C. White (Avebury, 1997). The less common but more accessible first edition of *The Fourfold Root*.

The World as Will and Idea (abridged in one volume), tr. Jill Berman, ed. David Berman (Dent, 1995). A much shortened version, which is more accessible than the standard Payne translation, but loses the larger architecture of Schopenhauer's main work.

And, in a new edition:

On the Basis of Morality, tr. E. F. J. Payne, with an introduction by David E. Cartwright (Berghahn Books, 1995)

A classical philosophical account of Schopenhauer, recently reprinted:

Patrick Gardiner, *Schopenhauer* (Penguin Books, 1967; repr. Thoemmes Press, 1997)

Other general accounts of Schopenhauer's philosophy:

D. W. Hamlyn, *Schopenhauer* (Routledge and Kegan Paul, 1980)
Julian Young, *Willing and Unwilling: A Study in the Philosophy of Arthur Schopenhauer* (Martinus Nijhoff, 1987)

A collection of scholarly articles on different aspects of Schopenhauer's philosophy:

Christopher Janaway (ed.), *The Cambridge Companion to Schopenhauer* (Cambridge University Press, 1999)

Books and collections with more specialized focus:

John E. Atwell, *Schopenhauer: The Human Character* (Temple University Press, 1990)
John E. Atwell, *Schopenhauer on the Character of the World: The Metaphysics of Will* (University of California Press, 1995)
Dale Jacquette (ed.), *Schopenhauer, Philosophy and the Arts* (Cambridge University Press, 1996)
Christopher Janaway, *Self and World in Schopenhauer's Philosophy* (Clarendon Press, 1989)
Christopher Janaway (ed.), *Willing and Nothingness: Schopenhauer as Nietzsche's Educator* (Clarendon Press, 1998)
F. C. White, *On Schopenhauer's Fourfold Root of the Principle of Sufficient Reason* (E. J. Brill, 1992)

Three different accounts of Schopenhauer's life, work, and place in intellectual history:

Arthur Hübscher, *The Philosophy of Schopenhauer in its Intellectual*

Context: Thinker Against the Tide, tr. Joachim T. Baer and David E. Cartwright (Edwin Mellen Press, 1989)

Bryan Magee, *The Philosophy of Schopenhauer*, 2nd edn. (Clarendon Press, 1997)

Rüdiger Safranski, *Schopenhauer and the Wild Years of Philosophy* (Weidenfeld & Nicolson, 1989)